Jornalismo em retração, poder em expansão

CIP-BRASIL. CATALOGAÇÃO NA PUBLICAÇÃO
SINDICATO NACIONAL DOS EDITORES DE LIVROS, RJ

G188j

Gandour, Ricardo

Jornalismo em retração, poder em expansão: a segunda morte da opinião pública : como o encolhimento da imprensa e o uso crescente de redes sociais por governantes podem degradar o ambiente informativo e prejudicar a democracia / Ricardo Gandour. - São Paulo : Summus, 2020.

120 p. : il.

Inclui bibliografia

ISBN 978-65-5549-003-9

1. Jornalismo. 2. Democracia - Opinião pública. 3. Redes sociais on-line - Aspectos políticos. I. Título.

20-63590 CDD: 070.4
CDU: 070.15

Meri Gleice Rodrigues de Souza - Bibliotecária CRB-7/6439

Jornalismo em retração, poder em expansão

A SEGUNDA MORTE DA OPINIÃO PÚBLICA

Como o encolhimento da imprensa e o uso crescente de redes sociais por governantes podem degradar o ambiente informativo e prejudicar a democracia

RICARDO GANDOUR

JORNALISMO EM RETRAÇÃO, PODER EM EXPANSÃO
A segunda morte da opinião pública

Editora executiva: **Soraia Bini Cury**
Assistente editorial: **Michelle Campos**
Capa: **Buono Disegno**
Imagem de capa: **Shutterstock**
Projeto gráfico: **Crayon Editorial**
Diagramação: **Santana**

Summus Editorial
Departamento editorial
Rua Itapicuru, 613 – 7º andar
05006-000 – São Paulo – SP
Fone: (11) 3872-3322
Fax: (11) 3872-7476
http://www.summus.com.br
e-mail: summus@summus.com.br

Atendimento ao consumidor
Summus Editorial
Fone: (11) 3865-9890

Vendas por atacado
Fone: (11) 3873-8638
Fax: (11) 3872-7476
e-mail: vendas@summus.com.br

Impresso no Brasil

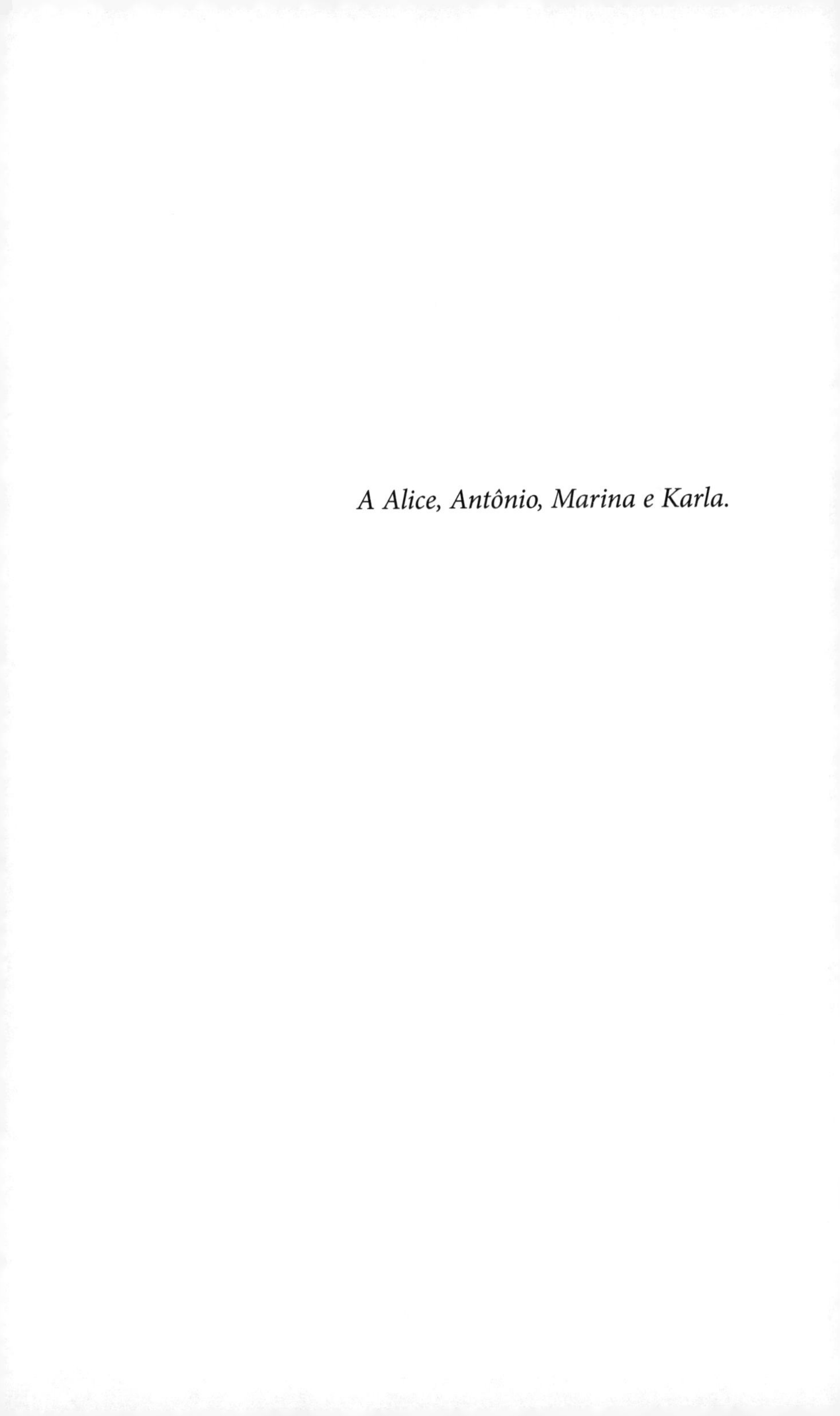

A Alice, Antônio, Marina e Karla.

Sumário

Prefácio – O jornalismo não pode esperar

Eugênio Bucci

Num tempo de tantas notícias ruins para a democracia e a imprensa, é uma alegria, além de uma honra, prefaciar este livro do jornalista Ricardo Gandour, que resulta da brilhante dissertação de mestrado que ele desenvolveu na Escola de Comunicações e Artes da Universidade de São Paulo (ECA-USP) - e que foi aprovada, com distinção e louvor, em junho de 2019. Na verdade, ele começou sua pesquisa um pouco antes do programa de mestrado propriamente dito. Durante um semestre sabático em que foi *visiting scholar* na Escola de Jornalismo da Universidade Columbia, em Nova York, em 2016, coletou depoimentos, por meio de questionários e entrevistas, com os principais editores das redações brasileiras. O que tirou daí foi um cenário que não tinha sido flagrado com tanta nitidez: Ricardo Gandour foi o primeiro a quantificar, isto é, a retratar com dados numéricos, o encolhimento das equipes e os cortes brutais de recursos de um mercado em crise aberta.

Depois, já matriculado no Programa de Pós-Graduação em Ciências da Comunicação da ECA-USP, prosseguiu com suas análises e observou algo perturbador: enquanto as redações jornalísticas perdiam volume, figuras do Poder Executivo ganhavam projeção pessoal hipertrofiada por meio das plataformas sociais, muitas vezes invadindo e usurpando funções de mediação do debate público até então exercidas pelos jornalistas profissionais. Em poucas palavras, a dissertação mostrou que, enquanto a esfera da imprensa profissional entrava em retração, o poder se aproveitava do vazio e se expandia, num processo que carregava em seu bojo ameaças para a democracia.

Isso foi o que ficou demonstrado na banca de defesa, em junho de 2019. De lá para cá, esse contexto de retração do jornalismo e um considerável inchaço da imagem de governantes nas redes sociais ganharam dramaticidade. O quadro piorou. Logo, embora a situação que este livro nos apresenta não possa ser chamada de alvissareira – ao contrário, é uma notícia preocupante –, podemos receber o presente estudo como notícia positiva, pois a leitura dos dados que é elaborada aqui, associada às ideias do autor, ajuda-nos a entender como e por que isso aconteceu, além de apontar caminhos que nos afastam do imobilismo ou do catastrofismo. Este livro nos mostra que há o que fazer.

Uma das melhores contribuições das ideias de Ricardo Gandour é a concepção de jornalismo que ele empreende. Segundo sua maneira de ver, o nosso ofício é um *método*. Mais exatamente, diz o autor, o jornalismo se tece na conjugação de três "pilares", que são a *atitude*, o *método* e a *narrativa*. A *atitude*, entre outros elementos que lhe são constitutivos, concentra a independência profissional, a liberdade prática que permite ao repórter lançar perguntas incômodas aos poderosos. O terceiro pilar envolve a *forma* do discurso jornalístico, que, embora não tenha balizas rígidas e possa pender para o texto informativo ou para enfoques opinativos, além de inúmeras outras possibilidades discursivas, sempre se caracteriza pela busca de amparo no relato factual – sem fatos não há jornalismo.

Mas é para o segundo pilar, o *método*, que o autor dá mais peso. Com razão. O método no jornalismo talvez seja mesmo o seu principal fator estruturante. É por força do método – por vezes decantado no hábito – que o jornalista intui e elabora o seu modo singular de trabalhar. É essencial pensar esse método como algo que requer a habilidade adquirida – pois aqui o talento não basta – para pressentir a notícia, para encontrar e consultar fontes primárias, para cruzar dados de matrizes distintas e, então, para interpretá-los corretamente com base em parâmetros objetivos, de forma que os traduza em relatos amigáveis, elegantes e compreensíveis. O termo "compreensíveis" faz toda diferença. O método, que nesse ponto deságua no terceiro pilar, a *narrativa*, assegura que as informações e os ângulos interpretativos contidos na função social do jornalismo, expostos com clareza e síntese, sejam efetivamente úteis aos cidadãos e à democracia.

Não é só. O método jornalístico prima pelo cultivo do valor do ineditismo. É também o método que impõe à narrativa o esmero nas técnicas de atrair e envolver a atenção do público. Com efeito, o modo de proceder, o modo de se comportar em sociedade, o modo de processar as informações, o respeito aos fatos (ou à verdade factual), com ênfase na checagem dos fatos, além da atitude e do modo de se expressar, tudo isso distingue o profissional de jornalismo em relação aos praticantes de outras atividades. Ao olhar para essa profissão como um *método* – muito mais do que como um "sacerdócio", ou como uma vocação romântica –, Ricardo Gandour nos traz uma contribuição de longo fôlego para os desfiladeiros que desafiam as redações no presente.

Por fim, merece nota o bom trânsito do autor por uma bibliografia permeada de complexidades e labirintos conceituais um tanto estranhos ao jornalismo, como é o caso da obra de Jürgen Habermas e de alguns de seus interlocutores. Esse bom trânsito foi construído durante os anos de pesquisa na pós-graduação. Dominando bem o significado de conceitos como *esfera pública* – expressão exageradamente repetida por aí, mas raramente compreendida em seus desdobramentos superpostos –, Ricardo Gandour localiza, com alto grau de precisão, o modo como a autopromoção ostensiva, crescente e, em certos termos, opressora de governantes por meio das tecnologias franqueadas pelas plataformas sociais acarreta riscos para a saúde da democracia. Desse modo, esta pesquisa, que se sobressai por trazer achados exclusivos sobre o mercado do jornalismo – feito, aliás, que foi reconhecido por uma carta que a Associação Nacional dos Jornais (ANJ) fez chegar ao autor –, ganha densidade também pelo apuro metodológico e pela boa base teórica, bem aplicada e bem contextualizada. Quando afirma que a democracia corre perigo onde a imprensa reflui, Gandour não está apenas criando uma frase de efeito: ele sabe do que fala.

Em suma, esta obra é uma boa notícia não pelo que constata, mas pela inteligência que inspira trilhas para a superação dos impasses empíricos verificados. Do ponto de vista de quem acredita na democracia e no papel da imprensa, nada está perdido, mas não há tempo a perder. O jornalismo não pode esperar. Em nome dessa urgência, digo que este livro merece ser lido e, mais ainda, estudado.

Introdução

Quando se ocupa de dar aulas para os alunos de graduação da Universidade de Columbia, o professor Michael Schudson gosta de chegar cedo ao Kent Hall, um dos centenários prédios do campus construído no final do século 19, entre as avenidas Broadway e Amsterdam, em Nova York. Naquela manhã do inverno de 2016 não seria diferente. Schudson, pesquisador e docente cujo sobrenome é quase uma obrigatoriedade nas referências bibliográficas de *papers* sobre jornalismo, preparava-se para iniciar as aulas de Journalism and Public Life, nome mais do que sugestivo para os clássicos currículos de *liberal arts* de Columbia, uma das *ivy leagues* americanas – como são apelidadas as oito mais tradicionais instituições de ensino superior dos Estados Unidos, assim chamadas por formarem uma espécie de "liga" (*league*) das escolas cujos edifícios de estilo greco-romano eram (alguns ainda são) forrados pela vegetação do tipo "hera" (*ivy*).

Postado ao lado da pesada porta de madeira escura da entrada da sala, Schudson aguardava ansioso a chegada de Richard John, convidado especialmente para falar aos alunos naquela manhã. Outra figura fácil nas referências dos textos especializados sobre imprensa, Richard, ou melhor, John, discorreria sobre as transformações que vêm se abatendo sobre o jornalismo, em especial sobre a imprensa escrita. Sua narrativa percorreria o arco histórico desde que Gutemberg inventou a prensa manual, que no século 15 revolucionou a transmissão do conhecimento por permitir, em maior escala, a distribuição de informações, até então restrita à oralidade ou aos manuscritos.

Em sua palestra, John surpreendeu os alunos ao reproduzir um artigo de 1845, publicado um ano depois da inauguração da primeira linha telegráfica ligando Baltimore a Washington, no meio-leste dos Estados Unidos. No texto, publicado na revista *New York and Magnetic Telegraph Line*, os autores Samuel Colt e William Robinson batiam palmas para a nova invenção e já decretavam a iminente morte dos jornais impressos: "É evidente que o sistema telegráfico de notícias está fadado a desbancar, e muito, a publicação de jornais nesta e em outras cidades. Quem em Nova Orleans, por exemplo, assinaria jornais de Nova York para então esperar oito, dez dias as notícias trazidas a bordo de um navio transatlântico, quando pode simplesmente apoderar-se do mesmo conteúdo em meros minutos por meio de correspondência telegráfica?", profetizavam os autores. Os telegramas eram os "e-mails" de então, e Colt e Robinson os viram, com sua agilidade e concisão, como potenciais ameaças aos jornais diários.[1]

Na década de 1950, a morte do rádio foi prevista para ocorrer em poucos anos, a partir da invenção da televisão, que naquela década entrou em operação em escala comercial, passando a fazer parte da rotina dos lares.

Esses dois exemplos de transformação midiática, já distantes na história, ilustram como novos canais e formatos de distribuição impactaram o modo de difusão das informações e do conhecimento. Mas hoje, especialmente, vivemos o legado de transformações que atravessaram décadas, e elas mesmas, as transformações, foram mudando de característica com o passar do tempo. Ao longo de todo o século 20, a cada introdução de uma nova mídia, demorava um tempo até que o novo canal ou a nova plataforma se implantasse plenamente como "gramática", desenvolvendo um padrão e um formato que possibilitasse ao mercado entender suas possibilidades e o novo modelo de negócio – requisito essencial para o canal inovador se consolidar e seguir adiante. Ao mesmo tempo, as mídias existentes adaptavam-se à novidade, reposicionando-se ou até mesmo sofrendo ajustes estruturais.

O historiador britânico Peter Burke, professor emérito da Universidade Cambridge, na cidade inglesa de mesmo nome, detalhou o fenômeno em parte de sua obra, fundamental para entender como chegamos até aqui. Para Burke, hoje estamos vivendo ciclos cada vez mais curtos, com velocidades de mudança cada vez maiores. Por isso, diz Burke, ainda é difícil prever até onde chegará a presente transformação. "Foi difícil avaliar as consequências da revolução da informação impressa porque a mudança, na ocasião, foi muito lenta. Atualmente, está difícil avaliar as consequências da revolução digital exatamente pela razão inversa, por causa da velocidade da mudança", disse-me Burke numa entrevista em maio de 2016.[2]

Formatos e canais são mais do que simples *suportes* da informação. Quando muda a relação de *consumo* entre a oferta de conteúdo e a sociedade, outros aspectos são afetados. O rádio, no início do século 20, e logo depois os jornais, distribuídos em grande escala, tornaram-se plataformas públicas de reflexão. E os jornais, também chamados de "diários", estabeleceram o ciclo – hoje rompido – de 24 horas para o transcorrer da notícia, do *hard news*.

Eugenio Bucci, jornalista e professor da Universidade de São Paulo (USP), relembra como os jornais impressos se transformaram no paradigma do ciclo informativo. "Em se tratando dos jornais impressos – suportes, por excelência, da constituição dos espaços públicos nacionais, de modo mais acentuado no século 19 e início do século 20 –, o ritmo dos deslocamentos coincidia com o ciclo completo de uma volta do planeta em torno de si mesmo: 24 horas." Para Bucci, a palavra impressa passou a determinar um ritual público de consumo de informação.

> Religiosamente, os diários circulavam, como circulam até hoje, um dia após o outro, marcando a seu modo a própria passagem do tempo. Independentemente do que quer que tenha acontecido, eles circulam.

> Registram em sua cadência regular a "última palavra" sobre o entendimento dos fatos e das ideias. Passadas 24 horas, revogam-se a si próprios, estabelecendo novas "últimas palavras".[3]

Já está mais do que evidente, e não é de hoje, que as transformações digitais não afetaram apenas o suporte físico ou a plataforma de distribuição. Agora, pouco importa se o ritmo é de 24 horas ou não. A transformação acontece na lógica pela qual a comunicação se estabelece. A revolução digital alterou a lógica oferta-demanda, ao dar voz e púlpito a quem quer que seja. Com isso, que papel estaria reservado para o que aqui chamamos de "plataformas estáveis de produção e edição" – as redações tradicionais, locais que abrigam a atividade do jornalismo profissional? Espaços de trabalho em que profissionais recrutados, preparados e remunerados para isso se encontram para vasculhar, selecionar e publicar notícias, análises e comentários.

A profusão de canais digitais em mão dupla, potencializados pelas arenas permanentes de troca e interação que são as redes sociais, deu a qualquer indivíduo a possibilidade de editar, publicar e ter voz. Há muito mais informação disponível, e isso é inegavelmente bom. E, como veremos adiante, as redes sociais passaram a ser ferramentas usadas por políticos – candidatos e governantes.

Esse novo cenário tem características que precisam ser cuidadosamente avaliadas. De um lado, as pessoas hoje estão expostas a uma mistura informativa, composta de notícias geradas profissionalmente, muitas vezes fatiadas aos pedaços, e eventualmente misturadas com rumores, boatos e opiniões oriundas de várias fontes.

De outro, os mecanismos de formação de grupos nas redes sociais facilitam a convivência predominantemente com quem pensa e vê as coisas de forma semelhante. Ao mesmo tempo, a decadência dessas plataformas estáveis de produção – a mídia estabelecida, responsável pela lógica da oferta – pode enfraquecer o estabelecimento do que os cientistas sociais chamam de "agenda pública comum". E, consequentemente, do próprio conceito de opinião pública.

A questão da definição da "agenda pública comum", ou, em inglês, *agenda setting*, foi esmiuçada pelo autor português Carlos Traquina, que usa o termo de sua terra natal, "agendamento". Ao abordar o papel da imprensa nos períodos eleitorais, Traquina ressalta que, no contexto da comunicação política, "o papel da mídia se torna fulcral na decisão do voto devido à crescente importância das questões (os assuntos que são discutidos) nas campanhas políticas em detrimento da identificação partidária". E completa: "A arte da política numa democracia é, num grau considerável, a arte de determinar que dimensões das questões são de importância maior para o público ou podem tornar-se salientes de forma a conseguir o apoio público".[4]

Nesse enfraquecimento do poder de estabelecer a "agenda pública comum", ficariam os cidadãos potencialmente mais expostos às informações oficiais – tanto públicas, emitidas pelos agentes de governo, governadores, prefeitos, presidentes etc., quanto privadas, envelopadas pelas agências de comunicação corporativa e assessorias de imprensa?

Foi com essas indagações em mente que cheguei à sala do segundo andar do Kent Hall, em cuja porta um plantado Schudson aguardava o palestrante John. Eu acabara de chegar à Columbia Journalism School, onde fiquei durante sete meses como pesquisador visitante. Mas minha inquietação acerca dos efeitos da transformação digital no ambiente jornalístico remontava já havia alguns anos. A esses efeitos se somavam as consequências da permanente e contínua queda de faturamento publicitário das publicações, base de sustentação dos produtos editoriais, das redações e de seus profissionais. O solapamento dessa sustentação configura-se, desde o início dos anos 2000, como o cerne da chamada crise do modelo de negócio da imprensa tradicional, principalmente das empresas que editam jornais.

Eu vinha de uma carreira iniciada em 1989 na grande imprensa, e assistira à World Wide Web se consolidar como plataforma de massa a partir da metade dos anos 1990, após cerca de duas décadas de gestação restrita aos ambientes acadêmicos. Mesmo em seus primeiros anos, a rede de hiperconexão consistia primordialmente de um catálogo eletrônico de páginas informativas. Ao longo daquela década até meados dos anos 2000, vivíamos a primeira impressão de que a websfera seria simplesmente um repositório digital para consultas a qualquer hora da produção das redações, que as desovavam nas páginas digitais após "fecharem" – no jargão jornalístico, dar por finalizada a edição – prioritariamente suas versões impressas. (Um pequeno museu no térreo da sede da IBM, em São Paulo, guarda um exemplar de um "catálogo da internet", espécie de lista telefônica do tipo "páginas amarelas" – grosso volume a pretender catalogar a internet.)

Foi muito tempo depois, mais especificamente em 2010, quando, na condição de diretor de conteúdo do Grupo Estado, coordenei o redesenho gráfico e de processos do jornal *O Estado de S. Paulo* e seu site, que reflexões mais profundas acerca de mudanças processuais começaram a tomar forma. As redes sociais ainda engatinhavam. A revisão do modo de apresentação de uma publicação nos leva obrigatoriamente à revisão dos afazeres e das práticas que concorrem para a oferta final de conteúdos.

Eu me sentia inquieto, pois assistia – como toda uma geração de jornalistas vem assistindo – à mudança na forma de fazer, nos tempos e métodos de uma redação, agora pressionada pela urgência dos meios digitais. Pressão que se somava ao imperativo de se cortar gastos – consequência da citada queda de receitas.

Em paralelo às missões profissionais que exerci por 28 anos em diferentes redações, nutri uma vida solitária de pesquisador e professor. Além de inquieto, sentia-me frustrado com a rarefação de estudos e polemizações acerca do problema no Brasil e na América Latina. Certa concentração desses estudos na comunidade acadêmica norte-americana já havia sido destacada por Traquina: "Embora a problemática dos efeitos da mídia tenha gerado pouco entusiasmo e mesmo algum desprezo para uma parte significativa dos comunicólogos europeus, representa uma veia central da *communication research* norte-americana". Traquina ainda salienta que "os primeiros pesquisadores deste campo de investigação procuraram compreender os efeitos da propaganda durante e depois da Grande Guerra, como a Primeira Guerra Mundial era inicialmente designada".[4]

Para Felipe Pena, essa rarefação no campo acadêmico brasileiro pode também estar ligada ao distanciamento, no nosso país, entre universidades e mercado. Segundo ele,

> a chegada à universidade, no entanto, não proporcionou a esperada repercussão da teoria do jornalismo no meio profissional. Na verdade, aconteceu o movimento contrário, ou seja, um afastamento entre a academia e as redações. Salvo raras exceções, as críticas de professores e pesquisadores não foram bem assimiladas por repórteres, chefes de reportagem, editores e outros profissionais da imprensa. Houve uma ruptura sem sentido, motivada por vaidades de ambos os lados, cujas consequências ainda repercutem tanto nas salas de aula como nos meios de comunicação.[5]

Essa inquietação e o consequente processo reflexivo foram estímulos para que eu intensificasse contatos com docentes e pesquisadores da Columbia Journalism School. Assim, passei o primeiro semestre de 2016 naquela instituição na condição de *visiting scholar*. Tive a oportunidade de ter acesso a uma condição específica – e favorável – de produção. Naquele período, a discussão aqui presente se aprofundou naquele país por uma série de fatores, principalmente no campo da política, como se verá ao longo deste trabalho.

A proliferação das redes sociais e sua aplicação nas iminentes eleições presidenciais dos Estados Unidos haviam deflagrado uma série de debates na comunidade acadêmica norte-americana. O que poderia acontecer com o ecossistema informativo com a expansão do uso das redes sociais, e, ao mesmo tempo, o flagrante recuo, em tamanho e estrutura, das chamadas redações tradicionais?

Como observou Bourdieu, "a estrutura do campo científico se define, a cada momento, pelo estado das relações de força entre os protagonistas em luta, agentes ou instituições, isto é, pela estrutura da distribuição do capital específico".[6] Os protagonistas, os agentes e as instituições estavam todos em campo, sobretudo na "arena" de Nova York, terra natal de Donald Trump, então pré-candidato à presidência da República dos Estados Unidos pelo Partido Republicano.

Em Columbia, mergulhei numa profunda revisão bibliográfica, assisti a aulas, dei palestras sobre jornalismo no Brasil e debati com pesquisadores, entre os quais Schudson, John e outros citados adiante. De volta ao Brasil, encontrei no Programa de Pós-Graduação em Ciências da Comunicação da Escola de Comunicações e Artes da Universidade de São Paulo (ECA-USP) a oportunidade e o campo fértil para desenvolver em definitivo este trabalho.

Lopes enfatiza que "a produção da ciência depende intrinsecamente das suas condições de produção".[7] Assim, iniciei uma viagem em busca de atualizar o que já havia sido escrito e discutido em torno do objeto almejado. Bachelard, citado por Lopes, já sublinhava que "o fato científico se conquista contra a ilusão do saber imediato". E mais: "O conhecer deve evoluir com o conhecido".[8]

Pelas condições de produção naquela instituição, e à luz do "protesto" de Traquina, tive acesso majoritariamente à produção norte-americana sobre um conceito ainda relativamente novo e pouco pesquisado. Posteriormente, nutri-me de autores europeus e brasileiros, como também se verá ao longo destes textos.

Ao final daquela sessão no Kent Hall, assim que Michael Schudson se despediu de John, e ao longo de todo o semestre, conversei bastante com ele sobre a pretensão de que aqueles estudos culminassem na obra que o leitor ora tem em mãos. O autor de *Por que as democracias precisam de uma imprensa desagradável*, entre outras obras seminais sobre jornalismo, foi puro incentivo.

São Paulo, verão de 2020.

1.
O que está acontecendo com as redações dos jornais?

ATÉ MESMO MUITO ANTES da revolução digital, a forma como as redações reagem e tentam se adaptar às transformações dos hábitos de leitura era pauta da comunidade jornalística. Ainda em 2002, portanto antes de a internet explodir de fato e quando ainda nem se falava em redes sociais, o departamento de pesquisas do jornal britânico *The Times* produziu um detalhado estudo sobre a queda de leitura que intrigava os executivos de mídia de um vigoroso mercado de periódicos impressos, o Reino Unido. Mudanças nas rotinas familiares, trabalhos em meio-período, falta de hábito de andar com dinheiro no bolso (derivado do costume de pagar com cartões) e diminuição do número de pontos de venda estavam entre os motivos citados para o decréscimo da venda de jornais em bancas, classicamente o principal canal de distribuição naquele país.[9]

Anteriormente à pressão e à concorrência dos meios digitais, outro fenômeno já se fazia presente: a crise do modelo de negócio dos jornais impressos. De fato, a principal fonte de sustentação dos jornais, as receitas publicitárias, vinha caindo desde o final da década de 1990, como mostra a Figura 1 (referente ao mercado norte-americano):

Figura 1 – Declínio da receita publicitária nos jornais norte-americanos[10]

(ajustada pela inflação, 1950 a 2013)

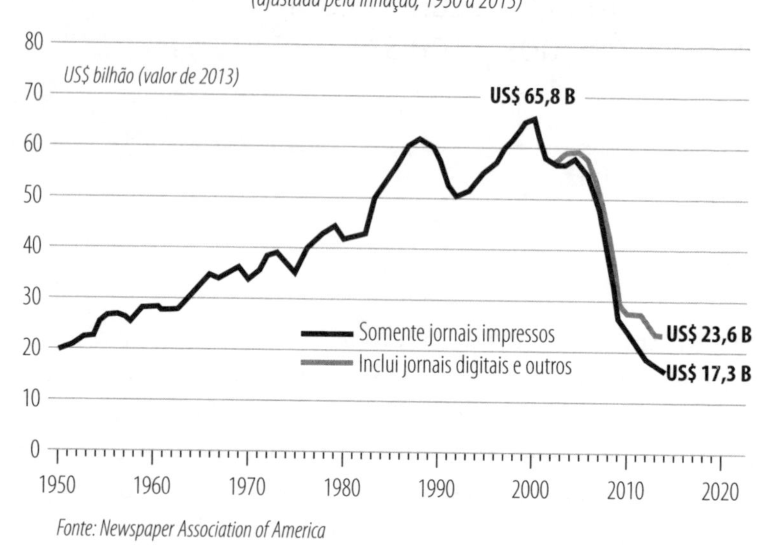

Fonte: Newspaper Association of America

A situação no mercado brasileiro não era diferente. Em 2008, Sant'Anna[11] já anotava a queda do faturamento bruto:

Figura 2 – Queda no faturamento dos jornais brasileiros[11]

(Em bilhões de reais – dezembro de 2004)

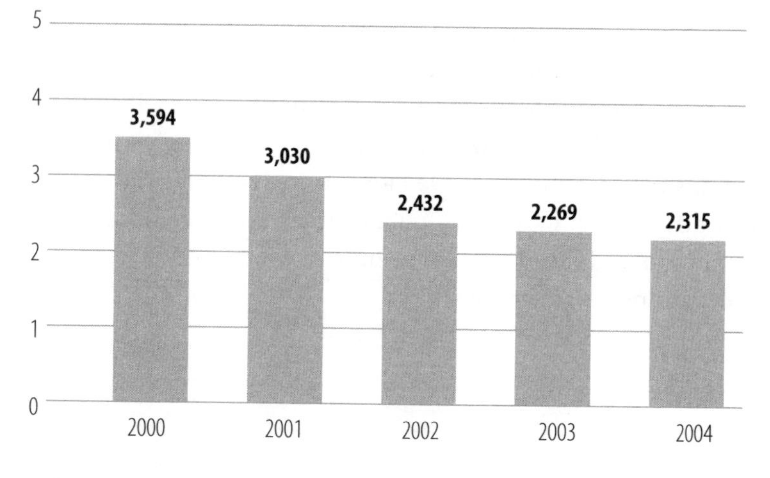

Os dados citados por Sant'Anna são do projeto Inter-Meios, organizado pela publicação especializada *Meio & Mensagem* (*M&M*), que em 2014, nove anos mais tarde, em moeda da época, continuava a flagrar a queda, como se vê na Figura 3.

Figura 3 – Último flagrante de queda da receita publicitária antes de o projeto Inter-Meios ser descontinuado[12]

Mercado extrapolado

Valores correntes (em R$ milhões)

	2013	*Share* (%)	2014	*Share* (%)	Variação 2013-2014 (%)
TV aberta	21.648	55	23.396	58,5	8,1 ↑
TV paga	1.663	4,2	2.129	5,3	28 ↑
Jornal	5.176	13,1	4.574	11,4	- 11,6 ↓
Revista	1.978	5	1.642	4,1	- 17 ↓
Rádio	2.616	6,6	2.664	6,7	1,8 ↑
Internet	4.095	10,4	3.041	7,6	- 25,7 ↓
Cinema	109	0,3	114	0,3	5,2 ↑
Guias e listas	250	0,6	168	0,4	- 32,9 ↓
Mídia exterior	1.853	4,7	2.244	5,6	21,1 ↑
Total	**39.388**	**100**	**39.973**	**100**	**1,5**

	2013	2014	Variação 2013-2014 (%)
Total extrapolado	39.388	39.973	1,5
+ produção comercial	6.301	6.396	1,5
Bolo publicitário total	45.690	46.368	1,5

Apresento aqui dois flagrantes em diferentes momentos, exatamente devido aos desafios enfrentados por esse estudo, que veio a ser interrompido em 2015. Ao tornar pública a decisão de descontinuar o levantamento, o *M&M* também explicitava o duplo desafio da revolução digital, ou seja, não só a mudança do hábito de consumir informação como também a canibalização da fonte de sustentação das redações tradicionais.

> Em carta enviada ao *Meio & Mensagem*, cinco entidades representativas de empresas de mídia informam que "recomendarão aos veículos a elas associados que interrompam o fornecimento das suas receitas publicitárias ao Projeto Inter-Meios". O texto ressaltava que as signatárias reconhecem a iniciativa do *M&M* como uma das "mais bem-sucedidas do nosso mercado, com um longo histórico de relevantes serviços prestados à transparência e profissionalismo na relação dos veículos com agências e anunciantes". Por outro lado, pondera que nos últimos anos ("com o advento da internet e das plataformas digitais") o Inter-Meios foi prejudicado pela negativa (em participar do levantamento) de "empresas globais de tecnologia, como Google e Facebook", que passaram a captar volumes crescentes de investimento publicitário, mas não informam seu faturamento ao projeto.[12]

A Associação Nacional de Jornais (ANJ) continuamente monitorou o *share* (fatia de participação) do mercado de jornais em relação ao total do bolo publicitário (total de receitas publicitárias de TV aberta e fechada, rádio, revistas, jornais e internet). A Figura 4 ilustra o drama dos jornais impressos, retratado em duas décadas.

Em 1996, a participação do faturamento publicitário dos jornais no total do mercado era de 25%, ou um quarto do total geral. Em 2013, essa fatia era de 10%, bem menos da metade da participação verificada 17 anos antes. Em 2014 a ANJ abandonou esse monitoramento exatamente pelo anotado acima, a descontinuidade do projeto Inter-Meios.

Figura 4 – Queda na participação dos jornais no total do bolo publicitário brasileiro

(Em percentagem)

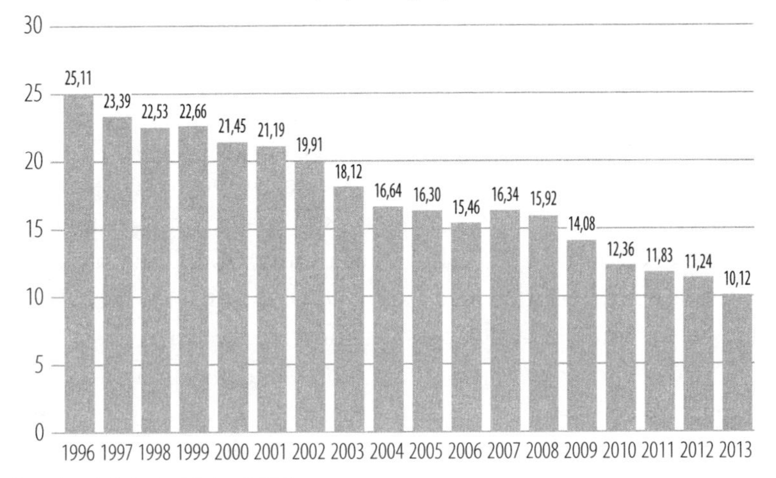

Fonte: Associação Nacional de Jornais (ANJ)

Os desafios da crise do modelo de receitas e os da transformação digital se misturavam, como já observava Calmon Alves no ano de 2008: "2007 pode ter sido o baile da Ilha Fiscal* para o império de jornais brasileiros, que ainda nadam em altos índices de lucratividade e crescimento de circulação. Esse império será inexoravelmente derrubado caso as empresas não entendam as dimensões da revolução digital em curso".[13]

Starkman também fez o alerta na sua obra de sugestivo nome *O cão que não late: a crise financeira e o desaparecimento do jornalismo investigativo***. "A desintegração do modelo financeiro não poderia ter vindo num momento pior. Moral baixo, perda de

---

* Calmon Alves faz referência, com óbvia ironia, ao evento festivo realizado na Ilha Fiscal, na baía da Guanabara, no Rio de Janeiro, em 9 de novembro de 1889. Organizada com requinte, a festa serviu como o derradeiro pretexto para o fim da monarquia brasileira e a consequente Proclamação da República, ocorrida seis dias após.[13]

** Em inglês, *The watchdog that didn't bark: the financial crisis and the disappearance of the investigative reporting.*

capacitação e constantes demissões, especialmente nas reportagens investigativas, não são condições que incentivam a confrontação e o combate jornalísticos".[14]

Em 2017, eu diria que o setor já se "acostumara" com a crise e, com os jornalistas que tinham (e ainda têm), tratavam de incorporar as novas tecnologias. Naquele ano, o International Seminar of Online Journalism (Isoj), promovido pelo Knight Center for Journalism in the Americas, propôs o tema para a análise de editores norte-americanos. A maioria dos participantes se dedicou a expor como estava incorporando novas ferramentas de trabalho, características do novo ambiente digital, aos processos tradicionais de pauta e edição[15].

"Nossos jornalistas aprendem tudo, do jornalismo de dados e a narrativa visual ao uso mais eficaz das redes sociais", afirmou Stan Wischnowski, editor executivo e vice-presidente sênior do Philadelphia Media Network (PMN). A estratégia do PMN incluiu reorganizar os funcionários em posições que realmente agregam valor, um laboratório de experimentação para gerar ideias de reportagens e uma restruturação física das instalações em uma redação digital orientada para o público. Além disso, a equipe da organização sem fins lucrativos recebe treinamento sobre o uso de novas tecnologias pela City University of Nova York (Cuny).[15]

Estevanim aprofundou a forma de incorporação do jornalismo de dados às rotinas das redações, e já observava que "novas possibilidades para o jornalismo exigem novas formas de organização, e somente incorporar técnicas não será suficiente para a adaptação ao novo ecossistema".[16]

No mesmo seminário Isoj 2017, Kathleen Kingsbury, editora-chefe do *Boston Globe*, delineou a estratégia seguida pelo jornal para se tornar uma redação digital. Tal estratégia consistiu essencialmente em dar mais importância ao jornalismo de dados e tornar sua plataforma mais ágil, sem perder a narrativa jornalística como centro de suas ações.

De outra parte, Wischnowski lembrou que "a transformação de um meio de comunicação tradicional em um meio de comunicação digital não envolve apenas a aplicação de uma estratégia ao conteúdo, mas também à dinâmica do pessoal".[15]

Tanto a crise do modelo econômico quanto as imposições da transformação digital aparentavam exigir das redações dos jornais uma profunda revisão de sua estrutura de pessoal - leia-se custos também - e da consequente realocação dos limitados recursos disponíveis.

A abordagem conceitual e teórica dessa transformação e o consequente preparo para o seu adequado enfrentamento num trabalho acadêmico levaram-me a uma série de indagações. O que estaria mudando na alocação de prioridades e recursos por parte das redações, obrigadas a, nessa transição, ser analógicas e digitais ao mesmo tempo? Estaria havendo recuo na produção jornalística? Em caso afirmativo, qual seria a medida desse enxugamento? E como ele ocorreria nos diversos temas a que a cobertura se dedica?

Em junho de 2018, os diretores de redação dos jornais *Folha de S.Paulo* e *O Globo* detalharam, no congresso da Associação Brasileira de Jornalismo Investigativo (Abraji), as transformações realizadas nas respectivas redações, inclusive a integração de títulos e equipes, a criação de novos núcleos de cobertura e também cortes de jornalistas. Os editores ressaltaram que, "apesar das mudanças estruturais pelas quais que vêm passando as redações, com atenção crescente à audiência online, a busca continua sendo a do leitor qualificado". Daniela Pinheiro, então diretora de redação da revista *Época*, tratou das modificações que vinha implantando na revista, que passou a ter a redação integrada com o jornal *O Globo*, compartilhando repórteres.

Tendo consultado a Associação Nacional de Jornais (ANJ), ainda em 2015, obtivemos a informação de que um levantamento quantitativo acerca das mudanças estruturais das redações seria inédito no país. Segundo Ricardo Pedreira, diretor executivo da ANJ, um retrato quantitativo da adaptação estrutural das redações – muito provavelmente o retrato de um enxugamento significativo – nunca havia sido feito.

Mas, mesmo diante do entusiasmo diante de um estudo inédito, outra indagação se apresentou: se essa produção jornalística realmente encolhe, o que isso poderia acarretar na exposição da sociedade às informações oferecidas pela imprensa estabelecida *versus* as informações "oficiais" e/ou oficiosas, produzidas pelos próprios governantes? Ficaria a sociedade mais assimetricamente exposta às naturezas informativas – jornalística e "oficial"?

Assim, decidi enveredar pela tentativa de obter alguma medida do avanço da exposição digital e "oficial" ou "oficiosa" das informações. Como se verá adiante, escolhemos medir a atividade digital dos governadores, de todos os estados, na rede social Facebook – nos anos de 2016 e 2017 a rede social mais relevante e popular[17].

A escolha dos governadores toca apenas num dos segmentos dos governantes. Entendemos ser esse segmento suficientemente representativo da classe política do poder executivo em vigência de mandato.

Como hoje podemos constatar, a indagação àquela época teve algo de premonitório – haja vista o nível de efervescência hoje observado em outras redes, notadamente o Twitter, pelo atual presidente da república do Brasil. "O Twitter de Jair Bolsonaro é praticamente um 'Diário Não Oficial' do governo federal, um fórum utilizado pelo mandatário para anúncios relacionados ao governo federal, funcionando quase como um 'diário oficial' informal", registra a agência Volt Data Lab, especializada em métricas de redes sociais.[18]

As condições de contorno da pesquisa estão em linha com as ansiedades do pesquisador, ligadas à ausência dessa problematização estruturada no campo acadêmico – muito provavelmente mais uma característica da aplicabilidade epistemológica à disciplina do jornalismo, prática baseada em "empréstimos conceituais" de outras disciplinas, como se verá adiante.

Segundo Machado,

> o aumento da produção científica sobre o jornalismo, um dado relevante que merece ser saudado por todos os pesquisadores deste campo, nos conduz à exigência de identificar a particularidade do conhecimento resultante destes estudos. [...] A maioria dos pesquisadores permanece numa relação instrumental com o objeto, utilizado para testar metodologias de outras áreas de conhecimento, sem a necessidade de compreender a natureza específica da prática jornalística e interessada em responder a perguntas oriundas de espaços de conhecimento distintos.[19]

E continua:

> Enquanto um pesquisador de um outro campo que estuda o jornalismo pode, porque suas perguntas são de outra ordem, satisfazer-se em aplicar metodologias oriundas de suas próprias disciplinas, um pesquisador que esteja interessado em descobrir as especificidades do jornalismo, seja como prática profissional, seja como campo especializado de ensino, deve preocupar-se, antes de mais nada, em como viabilizar a criação de metodologias de pesquisa ou de ensino adaptadas às particularidades do jornalismo. [...] Mais uma vez, a falta de tradição acadêmica acaba por desencorajar qualquer projeto de cunho metodológico, compelindo os pesquisadores debruçados sobre o jornalismo à dependência sistemática de metodologias forjadas para destrinchar objetos muito diferentes, com propósitos muito diversos daqueles postulados pelos pesquisadores do campo do jornalismo. De uma vez por todas, deveria ficar claro que as experiências teóricas mais consistentes são decorrentes de pesquisas, de algum modo, com fortes contribuições como modelos metodológicos de abordagem do fenômeno jornalismo como objeto de pesquisa com status próprio.[19]

Machado vai ainda mais longe, e também aborda a rarefação de estudos empíricos ao Sul do Equador:

Mais preocupados em compreender as circunstâncias históricas do desenvolvimento do jornalismo nos Estados Unidos [...], os ritos procedimentais do processo de produção da notícia [...], o discurso jornalístico [...] e as decorrentes da aplicação da tecnologia digital no jornalismo [...], nenhum destes exemplos recorre a um tipo de metodologia que possa vir a ajudar a lançar luzes sobre a prática jornalística desde o ponto de vista dos profissionais do campo.[19]

E acrescenta:

No caso brasileiro, mesmo que tenhamos mais de cem pesquisadores titulados com formação em jornalismo, com exceção de Teorias do Jornalismo e História do Jornalismo, seguimos diante de uma escassez enorme de títulos em áreas como Metodologias de Ensino em Jornalismo; Metodologias de Pesquisa em Jornalismo; Teorias da Narrativa em Jornalismo e Pesquisa Aplicada em Jornalismo. [...] Como resultado, mesmo estando situado dentro do universo das ciências sociais aplicadas, de forma paradoxal, a pesquisa em jornalismo tem sistematicamente voltado as costas para a pesquisa experimental aplicada, em uma área que tem a prática profissional como centro irradiador de iniciativas, seja de pesquisa, seja de ensino, as consequências são muito graves.[19]

2. A falta que faz (ou pode vir a fazer) o jornalismo

Mas se meu desejo, como pesquisador, é mostrar que "algo" estava encolhendo (e abrindo espaço para ser substituído por outra coisa), por que não começar demonstrando exatamente do que trata esse "algo" e qual é sua importância? Como esse "algo" está relacionado com a informação, que tal olharmos para o ambiente informativo, que (ainda) é abastecido – no sentido literal dessa palavra – pela chamada "imprensa estabelecida", seja lá qual for seu tamanho em termos empresariais? Esta (ainda) gera a matéria-prima original que as redes sociais tratarão de despedaçar e distribuir – ou seja, fragmentar?

Fomos em busca de estudos que, em certas condições, mostraram que as redações ditas "tradicionais" ainda são as principais fontes de informação original e de qualidade, que abastecem esses dutos distribuidores representados pelas redes e por seus algoritmos.

Medidas reais têm sido feitas, em tempos recentes, para alertar que esse "abastecimento" pode não estar garantido. Realizado pela primeira vez em 2009 e atualizado no final de 2015, estudo do centro de pesquisas Pew Research Center focado na cobertura política na capital dos Estados Unidos, Washington D.C., mostrou "um declínio no poder de reportagem da imprensa *mainstream*".[20]

O relatório concentra-se nos jornais diários, historicamente a coluna dorsal do jornalismo, "cuja presença maciça e reportagens agressivas revelaram escândalos que derrubaram um presidente, enviaram parlamentares para a prisão e cumprem o papel de acompanhar diariamente os poderes e agências federais".[20]

O estudo apontou que, entre 2009 e 2014, diminuiu em cinco pontos percentuais a proporção de jornalistas credenciados para cobrir o Congresso Nacional americano.

Outro estudo do mesmo Pew Research Center apontou o declínio da cobertura exclusiva, realizada pelos jornais tradicionais, das assembleias legislativas estaduais. A análise foi feita entre 2003 e 2014, considerando o número de repórteres credenciados naquelas casas legislativas[21], como se vê na Figura 5.

Figura 5 – Queda do número de repórteres em tempo integral nas assembleias legislativas norte-americanas

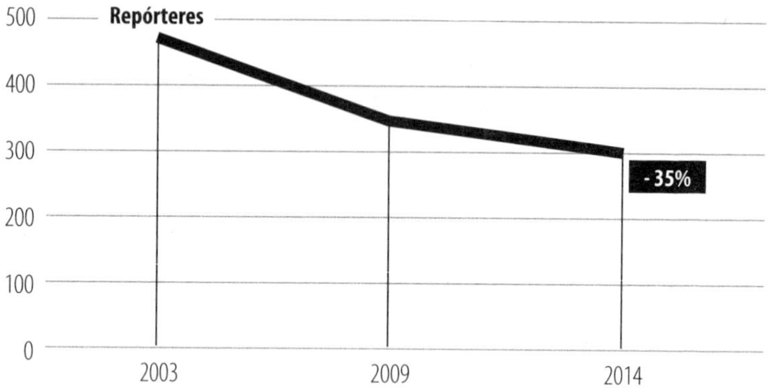

Fonte: Pew Research Center (2014)

O Pew Research Center já apertara o botão vermelho em 2010, ao estudar o ambiente informativo na cidade de Baltimore, no estado de Maryland: "Essas questões estão se tornando cada vez mais urgentes. Na medida em que o modelo econômico que subsidiava o jornalismo entrou em queda, o número de pessoas que obtêm notícias pelo noticiário impresso, televisivo ou radiofônico tradicional vem diminuindo significativamente"[22], alerta o relatório.

Figura 6 – As fontes que originam informações novas numa comunidade

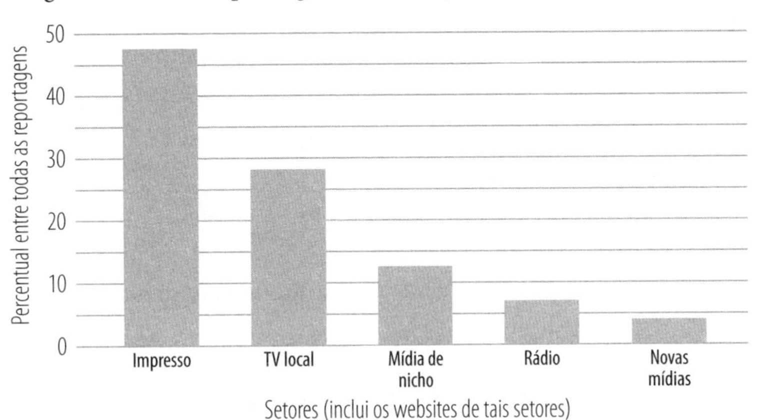

A pesquisa constatou a enorme dependência de todo o ambiente, qualquer que seja o canal de distribuição, da produção original das redações tradicionais. Enquanto o ecossistema informativo tem se expandido rapidamente, a maior parte do que o público consome ainda é colocada em circulação pela mídia tradicional – particularmente os jornais.

O estudo examinou durante uma semana todos os veículos que produziram notícias locais em Baltimore, analisou essa produção e, em seguida, conduziu uma análise mais apurada dos seis maiores assuntos daquela semana, concluindo que grande parte das "notícias" que as pessoas recebiam não trazia nenhum conteúdo original. Oito em dez reportagens simplesmente repetiam informações publicadas de antemão. E, das reportagens que continham informações novas, quase todas, 95%, foram produzidas pela imprensa tradicional. Essas reportagens tendiam a definir a agenda narrativa para os demais canais, sobretudo os digitais, que acabam funcionando como "subdistribuidores".

O clássico funcionalismo americano produziu e mantém um interessante e útil monitoramento dessa questão. Notabilizado pela revista *Columbia Journalism Review*, que atualmente publica quatro edições impressas por ano e mantém atividade diária em seu site www.cjr.org, o mapa-infográfico se intitula "America's growing news deserts", ou "Desertos noticiosos em crescimento nos Estados Unidos". Trata-se de um mapa com a indicação das comunidades que não têm nenhum jornal impresso, sendo a situação fruto do fechamento desses empreendimentos.

De início fomentado pela revista, ligada à escola de jornalismo da Universidade Columbia, em Nova York, o mapa depois se tornou colaborativo. Leitores enviam informações e atualizações sobre o funcionamento – ou não – de jornais em suas comunidades.

Figura 7 – Mapa interativo dos Estados Unidos indica a quantidade de jornais locais em cada município[23]

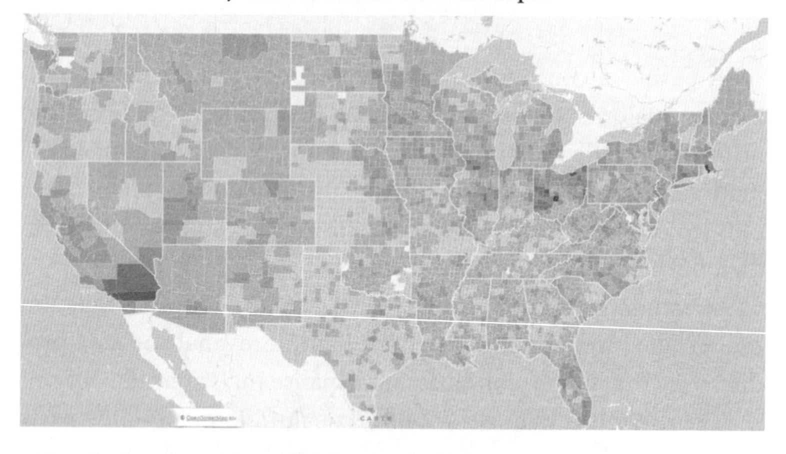

No Brasil, iniciativa similar é o "Atlas da Notícia". Trata-se de uma iniciativa do Instituto para o Desenvolvimento do Jornalismo (Projor), com apoio do Facebook e parceria institucional da Associação Brasileira de Jornalismo Investigativo (Abraji).

Estudo mais amplo que seu similar – e inspirador – norte-americano, o atlas brasileiro é uma tentativa de mapear todos os veículos jornalísticos do território brasileiro, em todas as plataformas – impressa, rádio, TV e digital. E, em consequência desse mapeamento, diagnosticar a *desertificação* ou, em outras palavras, o desabastecimento de notícias apuradas e checadas jornalisticamente.

Na mais recente versão do estudo, atualizada em dezembro de 2019, os pesquisadores examinaram 5.570 municípios. Nesse universo, foram detectados 3.484 "desertos". Ou seja, em 63% dos municípios brasileiros não há sequer um veículo de comunicação. Essas regiões "desérticas" concentram uma população de 37 milhões de brasileiros, ou 18% da população total.

Para o Projor, "desertos" são "municípios sem veículos jornalísticos, ou seja, sem cobertura significativa de imprensa".[24]

A preocupação faz sentido: de 2011 a 2018, o estudo detectou o fechamento definitivo de 81 casas jornalísticas, distribuídas por estado da federação, como se vê na Figura 9.

Figura 8 – Fechamentos de jornais entre 2011 e 2018[24]

Estado	Fechamentos	Estado	Fechamentos
São Paulo	31	Acre	1
Minas Gerais	27	Alagoas	1
Rio de Janeiro	9	Amazonas	1
Rio Grande do Sul	4	Paraíba	1
Paraná	2	Pernambuco	1
Santa Catarina	2	Rondônia	1

Que consequências uma potencial desnutrição do ambiente informativo, como flagrada pelo Pew Research Center (2009) em seus estudos nos Estados Unidos, e pelo Atlas da Notícia, do Projor, no Brasil, poderá acarretar a formação da opinião pública e na democracia? Bucci questiona se poderá haver democracia se o público for incapaz de um julgamento racional, "sem opinião pública lúcida e soberana". "Pelo sim, pelo não, o conceito de opinião pública existe para fornecer a sustentação permanente e autoevidente do projeto pelo qual a sociedade é capaz de se governar de forma esclarecida. E como preparar os homens do público para tão elevado encargo, qual seja, o de se autogovernarem?"[25], pergunta.

Schudson foi categórico ao dizer que,

> em suma, os prejuízos para a democracia são reais e impossíveis de calcular. E eles podem ser maiores [...] na cobertura jornalística local e estadual. As notícias que requerem o maior investimento em tempo e habilidade dos jornalistas e os recursos de suas organizações de notícias [...] são as que mais correm perigo. Elas muitas vezes exigem persistência e até mesmo coragem, não só por parte do repórter, mas por parte da organização de notícias que contrata os jornalistas investigativos e pode ser intimada a estar com eles inclusive nos tribunais, se necessário.[26]

Shirky foi além nessa análise, acrescentando, além do "volume" do abastecimento, um aspecto qualitativo. Ele vê na presente transição para os meios digitais uma inversão de um critério clássico do processo de edição – tradicionalmente, selecionar para depois publicar. Agora é "publique, depois filtre", segundo ele, para quem "o cenário midiático encontra-se transformado, pois comunicação pessoal e editorial, antes funções distintas, têm se misturado. Um resultado disso é a quebra do antigo padrão de filtragem profissional que permitia separar o bom do medíocre antes de publicação; agora, essa filtragem tem se tornado cada vez mais social e pós-fato".[27]

Mas, dirão alguns, essa disposição de analisar as transformações pela lente da revolução digital ora em curso nada mais é do que uma "nostalgia" de editores, que lamentam os elos perdidos da mídia analógica e, por assim dizer, "tradicional". Em outras palavras, dores da perda de poder de editores, a chorar a ruptura da primazia de quem escolhia o que o público ia ler, ver e ouvir. Por vezes ouço esse tipo de coisa.

Quero sublinhar que a importância dessa reflexão reside em preocupações mais amplas, e, permitam-me dizer, mais nobres.

3.
A segunda morte da opinião pública; fragmentação e polarização

A TRAJETÓRIA HISTÓRICA DO conceito de opinião pública remonta à Grécia antiga. Nas famílias, os membros se submetiam ao patriarca, que por sua vez tinha o "direito", e só ele, de atuar "em público", exercendo em grupos de outros homens "livres", "de bem", a liberdade de pensar, refletir e opinar. Por séculos essa foi a "opinião pública" dominante, privilégio de uma casta com acesso ao saber e aos debates entre eles mesmos. O filósofo e sociólogo alemão Jürgen Habermas, que em 2020 completa 91 anos e é um dos últimos remanescentes da chamada Escola de Frankfurt, resgata essa linha do tempo em sua obra seminal *Mudança estrutural da esfera pública*.

Passando pelas sociedades feudais até os últimos ciclos decadentes das monarquias absolutistas, vai-se observando devagar a separação das esferas pública e privada, à medida que a sociedade evolui, moderniza-se e se distancia do Estado. Para Habermas, é com o aparecimento do capitalismo mercantil, desenvolvido e consolidado entre os séculos 15 e 18, e com a livre circulação de mercadorias que a burguesia emergente começa a estruturar um espaço de representação consciente e a esboçar instituições. A primazia do pensar se desgarra do Estado absoluto e soberano. Morre a "opinião pública" como era até então forjada e conhecida, para dar lugar a um novo espaço de representatividade burguês, que mais tarde terá a imprensa e as instituições republicanas como pilares principais. Posteriormente a sociedade civil se apropriará desse espaço, usando-o para cobrar e fiscalizar o Estado.

Ao longo dos séculos, as instituições da esfera pública vão se configurando como pano de fundo para que as mediações informativas aconteçam. Imprensa e instituições passam a ter o poder de estabelecer a chamada agenda pública comum, um conjunto mínimo de consensos nos quais a sociedade, ou pelo menos parte significativa dela, se espelha para decidir os rumos de suas "grandes" questões – assim entendidas do prisma desse arranjo reinante de coisas. No tradicional esquema oferta-demanda, a imprensa ajudava a estruturar a pauta que os principais grupos sociais debateriam.

Habermas, em seus escritos ainda na década de 1960, delineava o que chamou de "domínios de comunicação politicamente relevantes". O autor via, por um lado, o sistema de opiniões formais, autorizadas institucionalmente. Habermas se referia ao conjunto de consensos mínimos em torno dos quais uma sociedade se organiza. Mas também via, de outro, o sistema de opiniões informais, pessoais e não públicas. As opiniões informais diferenciam-se por seu grau de capacidade de vinculação.

Escreveu ele:

> De modo esquemático, as opiniões informais diferenciam-se por seu grau de capacidade de vinculação: no nível mais baixo desse domínio de comunicação, são verbalizadas as autoevidências culturais não discutidas, os tenazes resultados dos processos de aculturação que são normalmente subtraídos da reflexão própria – por exemplo, a atitude diante da pena de morte, da moral sexual etc. No segundo nível, são verbalizadas as experiências fundamentais, mas pouco discutidas da própria história da vida, os resultados densos daquele choque de socialização que também escapam à reflexão – por exemplo, a atitude diante da guerra e da paz, determinados anseios de segurança etc. No terceiro nível, encontram-se as autoevidências frequentemente discutidas da indústria cultural, os resultados fugazes daquela irrigação publicitária duradoura ou da elaboração

> propagandística a que ficam expostos os consumidores, sobretudo em seu tempo livre.[28]

E arrematava, 50 anos antes das redes sociais: "O contexto de comunicação de um público de pessoas privadas que discute mediante razões está rompido; a opinião pública que provinha desse público encontra-se decomposta, em parte, em opiniões informais de pessoas privadas sem público".[28]

Habermas via nessa ruptura o fim do monopólio sobre a formação da opinião, antes exercido pelas classes dominantes e elitistas. Aquela antiga "opinião pública" estava sendo substituída pela burguesia ascendente, empreendedora, com seus sistemas midiáticos e mediadores da sociedade. Tratava-se, por assim dizer, do fracasso da opinião pública como era conhecida até então. Um movimento que durou séculos, mas avançou de modo irreversível.

Transportemo-nos para o cenário da passagem do final do século 20 para o 21. Até o advento da internet, e da fragmentação por ela senão criada, mas profundamente acelerada, tínhamos nas "plataformas estáveis de produção e edição", como estamos chamando as redações estabelecidas em torno do jornalismo profissional, um forte polo irradiador da mediação e da construção da agenda pública comum, capaz de mobilizar a sociedade civil em torno de temas quase consensuais e influenciar os chamados "formadores de opinião".

Com a proliferação das redes sociais, os grandes consensos são agora substituídos por consensos menores, ou subconsensos, em torno de grupos de afinidade ou com interesses (quase) comuns. Elementos apontados por Habermas, "esquematicamente", como frisa o filósofo alemão, ainda nos anos 1960, encontram fascinante correspondência na lógica hoje observada nos *peer groups* das redes sociais:

> Esses grupos não chegam a ser um "público", assim como não o eram aquelas formações da sociedade pré-burguesa, na qual as antigas *opinions* se

> formavam seguras da tradição e circulavam com a eficácia de uma *law of opinion*. [...] o tipo de "opinião" que resulta dessas relações de grupos, aceita com formulações prévias, flexível para ser copiada, difícil de interiorizar e não muito vinculante, essa "mera" opinião, de todo modo componente de um *small talk*, é *per se* pronta para o exame.[28]

Habermas vê nesses microcosmos possibilidades de elaboração mais próximas da esfera privada, mas que adquirem reverberação pública. E hoje, com a aceleração das redes, o microcosmo pode, em segundos, transformar-se em universo:

> Com a família burguesa e com a descentralização da comunidade religiosa surge uma nova esfera de intimidade que se autoexplicita em uma "ensimesmada" cultura da reflexão e do sentimento, e que muda as condições de socialização. Simultaneamente, se forma uma opinião pública política, um espaço público que as pessoas privadas podem utilizar como meio de crítica permanente, e que muda as condições de legitimidade do poder político.[28]

Décadas após a mercantilização da comunicação estudada por Habermas, que levou à construção de todo o arcabouço burguês – e institucional – da comunicação, estaremos agora vivendo a segunda morte da opinião pública? A opinião pública que emergiu no seio da nova sociedade burguesa, em contraposição ao Estado que tudo pensava, elaborava e decidia, agora se vê solapada pela desintermediação dos canais de comunicação. A lógica oferta-demanda está rompida. Todos publicam e têm o poder de influenciar a opinião. Um simples *small talk* pode se transformar, em segundos, em manchetes a repercutir pelo mundo. Isso para não mencionar as *fake news*, deliberadamente forjadas para causar mal e confusão, cuja proliferação é frequentemente turbinada por algoritmos e mecanismos de difusão que nada têm de espontâneos ou naturais.

Não há dúvida de que vivemos, desde o advento da internet, um processo de universalização do acesso à informação e ao debate, com todas as conquistas já conhecidas que essa transformação propiciou. Minorias e grupos que não (ou nunca) se sentiam representados pela "agenda pública comum" (frequentemente vista como "a agenda do *establishment*", com variáveis medidas de razão) passaram a encontrar canal e a ter voz. No início da década de 2010, ditaturas ruíram nos movimentos que ficaram conhecidos como "primavera árabe", catalisados por celulares nas mãos dos cidadãos, sobretudo os mais jovens. Mas o que dizer, anos depois, da qualidade do ambiente informativo, com a profusão de fatos não checados e opiniões descoladas dos fatos?

Para caracterizar esse ambiente em que as "plataformas estáveis de produção e edição" podem estar se enfraquecendo, ao mesmo tempo que todos na rede hiperconectada assumem a possibilidade de publicar, editar e republicar, um termo tornou-se recorrente em alguns autores: *fragmentação*[29].

O conceito é relativamente novo e ainda há muito que pesquisar sobre ele, como alertaram ainda em 2012 Tewksbury e Rittenberg. "Um único termo, fragmentação, tem sido usado para referir-se ao comportamento do espectador, ao conteúdo e aos veículos mediáticos, aos interesses do público, ao debate público e às agendas públicas"[30], ressaltaram.

Segundo os autores, "fragmentação é a dissolução gradual em unidades menores da exposição da audiência a notícias, conhecimentos gerais, e crenças políticas numa sociedade".[30] Usando a televisão como analogia, eles descrevem a fragmentação como "um processo pelo qual a audiência de massa, antes concentrada em três ou quatro opções de noticiário, torna-se mais amplamente distribuída. Em consequência, a média de audiência de cada canal diminui".[30] E alertam para um importante impacto da fragmentação e da perda de relevância das chamadas "mídias dominantes": numa sociedade fragmentada, a agenda pública e o comportamento político massificado passam a ser menos previsíveis.

Boczkowski e Mitchelstein também tocaram na conceituação de fragmentação:

Embora alguns autores tenham proposto que a utilização de fontes online de informação não mina a influência que a grande mídia exerce sobre a agenda pública, outros sugeriram que o ambiente online pode, sim, corroer a sua influência editorial em virtude da multiplicação de veículos e da decorrente fragmentação da audiência.[31]

Os autores ainda acrescentam que

A importância conceitual e política de uma diminuição do poder que a mídia detinha para definir a agenda é particularmente crítica durante períodos em que os cidadãos poderiam se beneficiar ainda mais de informações sobre assuntos públicos – períodos esses marcados por grandes eventos políticos ou econômicos, tais como eleições ou crises. [...] A perda da grande mídia como fonte de subsídios para o debate levaria ao empobrecimento geral de deliberações públicas e à fragmentação do espaço público compartilhado, na medida em que a mídia nacional *mainstream* for substituída como cenário de deliberação por veículos menores especializados.[31]

Boczkowski e Mitchelstein veem com preocupação o fato de a agenda pública comum se fragmentar. Para eles, "dentro de esferas públicas estabelecidas, debates online entre internautas somente promovem *comunicação política* [grifo meu] quando os grandes grupos se cristalizam em torno de pontos-chave levantados pelas redações de qualidade, como nos jornais de circulação nacional e revistas políticas".[30] Ou seja, se a grande imprensa não cristaliza os grandes pontos de debate, o debate não existe *formalmente*, e o grifo é novamente deste escriba.

Lembremos, nesse ponto, de Mutz, para quem estudos sobre as redes sociais indicam que um "curtir" chama outros; isto é, as pessoas tendem a se expor seletivamente para indivíduos pouco inclinados a contestar sua visão de mundo. "Vários estudos apontam que as pessoas conversam mais com os seus semelhantes do que com aqueles que são muito diferentes delas, e que esse mesmo padrão prevalece em relação à concordância política."[32]

Ao fazer uma leitura analítica da obra de Mutz, Shapiro credita boa parte do "afastamento" do (real) conflito político também à mídia tradicional, não só ao fenômeno do "comportamento de grupo" das redes sociais:

> Em *Escutando o outro lado*, Diana Mutz nos apresenta um enigma: quanto mais expostos estamos à discordância política, mais propensos ficamos a nos retirar do engajamento político. Esse comportamento pode derivar, em parte, da polarização política que se assistiu nas últimas décadas, mas talvez seja resultante da mídia tradicional, que tende a alardear a competição política e a apresentá-la como um conflito ferrenho.[33]

Boczkowski e Mitchelstein também citam Habermas: "A ascensão mundial de milhões de 'chat rooms' fragmentados tende a levar a uma desintegração dos grandes públicos, ainda que estes permaneçam focados politicamente, e ao surgimento de diversos públicos isolados, concentrados em seus próprios assuntos".[28] Nessa passagem, Habermas toca nos conceitos de fragmentação e polarização.

Ao discutir a fragmentação, Boczkowski e Mitchelstein apontam que

> a corrosão da influência detida pelas organizações da imprensa *mainstream* poderia levar ao desaparecimento de preocupações amplamente compartilhadas pela sociedade, comprometendo, assim, a capacidade do público de se unificar em torno de interesses comuns e maximizando a polarização social.[31]

Assim, chegamos ao conceito de polarização, assunto recorrente no mundo contemporâneo, especialmente em épocas de eleições. O *Dicionário Houaiss da língua portuguesa* a descreve como "concentração em extremos opostos (de grupos, interesses, atividades etc. antes alinhados entre si)".[34]

Uma das causas mais frequentemente citadas da polarização é o chamado "comportamento de grupos" (*peer groups*), marcante nas redes sociais. Mas esse comportamento de grupos "fechados" nas redes não anda sozinho. As mídias ditas "tradicionais" também acabam embarcando no jogo e retroalimentando a polarização.

Paradoxalmente, para Prior, as mídias "tradicionais" – as nossas plataformas estáveis de produção e edição – podem cair numa armadilha, ao "concorrer" com os novos canais, na tentativa de arregimentar seguidores e fãs. Prior aponta que as mídias "tradicionais", no afã de se manter relevantes e, digamos, "participantes", reagem à internet e às redes sociais, fomentando ainda mais o debate polarizado. A reação das mídias tradicionais às redes sociais não deixa de ser uma forma de tentar "concorrer" com as novas plataformas, batendo nas mesmas teclas.[35]

Quando apontou o fenômeno das possíveis rupturas da esfera pública, ainda na década de 1960, Habermas anotou que as três "pretensões de validade da comunicação" – a retidão normativa, a verdade proposicional e a veracidade subjetiva – poderiam, no ambiente fragmentado, estar sofrendo significativa corrosão. Essas três pretensões estão novamente sob ataque, na segunda morte da opinião pública.

Irá o espaço fragmentado se constituir num dreno dos processos que embasam a esfera pública, em substituição às instâncias e instituições que o sustentavam? Irá a fragmentação extrema causar *desinstitucionalização*, enfraquecendo e colocando em risco o funcionamento e o equilíbrio dos poderes da República e dos fundamentos do funcionamento das democracias? Essa é uma hipótese talvez alarmista, mas que não deveria ser menosprezada *a priori*.

4.
Jornalismo e *media literacy*

CONSTRUINDO DEFINIÇÕES

SÃO INÚMERAS E DIVERSAS as tentativas de definir jornalismo. Gosto muito da formulação de Carl Bernstein, repórter norte-americano que com Bob Woodward revelou o caso Watergate: "Permanente busca da melhor versão possível da verdade".[36]

Gosto da expressão "permanente busca" por acreditar que o fazer jornalístico não tem propriamente um destino: trata-se de uma infindável jornada. Uma reportagem jamais estará perfeitamente pronta e completa, admitindo sucessivos desenvolvimentos e camadas sobrepostas e complementares de informação.

Não que a tarefa de definir seja difícil, mas ela enseja importantes desafios, oriundos do fato de que o jornalismo não é propriamente uma ciência, tampouco uma ciência aplicada. Trata-se de uma *atividade*, ou ainda, nas palavras de Folkerts, Hamilton e Lemann, "uma disciplina de empréstimos, que utiliza teorias e métodos de outras disciplinas".[37]

É produtivo enveredar por um caminho mais *processual* para tentar cunhar uma definição própria. Vejo a abordagem processual em harmonia com a "busca" de Bernstein, com um sentido de fluxo contínuo e constante. Nessa visão, o jornalismo, atividade multidisciplinar, como já vimos, pode ser entendido por apoiar-se em três pilares: atitude, método e narrativa.

A postura que se caracteriza como *atitude jornalística* está ligada a outro atributo: a insatisfação. Claro que há outros. Mas esse é central.

A *atitude jornalística* está ligada a um estado de espírito, a insatisfação. O jornalista é, ou deveria ser, um permanente insatisfeito com o que lhe é mostrado *a priori*. Com base em uma exposição inicial a um fato ou dado, a insatisfação o move permanentemente a saber mais e melhor sobre o originalmente exposto. Ele quer ver por trás, de lado, mais fundo, por dentro. Quer perguntar mais e novamente. Cultiva a humildade de dizer "não entendi, poderia me explicar melhor?" Sabe que com isso prestará um serviço melhor ao leitor, ouvinte, espectador, internauta.

A insatisfação é uma alavanca essencial daquilo que enseja a revelação do que é notícia – muito frequentemente notícia é *aquilo que alguém não gostaria que fosse divulgado*. Ora, se um jornalista se dá por satisfeito com o que lhe é mostrado de imediato, esvazia de saída o ímpeto pela busca do cerne da informação, geralmente o que é de maior interesse público.

A insatisfação é, como foi dito, um estado de espírito. Um modo de ser e de viver, um jeito de ver o mundo e as coisas que acaba, inevitavelmente, moldando a personalidade e os hábitos do profissional decidido a se construir como genuíno jornalista – independente, equidistante e determinado a uma tarefa sem fim: buscar sempre as novas dúvidas, nunca estacionando nas primeiras certezas que se apresentarem.

Mas não basta a insatisfação se a ela não estiver acoplado um método de trabalho. É o método estruturado que dá corpo e trilho para que a atitude jornalística se transforme e *resulte* em algo de interesse público, e sobretudo palatável ao público. Dos rudimentos metodológicos que compõem o início de qualquer graduação em jornalismo – as cinco perguntas básicas: o quê, quem, quando, como e por quê – às possibilidades tecnológicas e estatísticas propiciadas pelo jornalismo de dados, passando pela checagem dos fatos, penso que a comunidade jornalística tem subestimado o peso e o valor do saber fazer, o *know-how*, o como fazer. Noto uma desproporção quando observo a relação entre os praticantes e seus métodos, em nosso meio, e a comparo com o mesmo comportamento observado em outras "tribos", como os médicos ou os engenheiros, profissionais que celebram, cultivam e compartilham técnicas, ferramentas e aprendizados.

Folkerts, Hamilton e Lemann chamaram a atenção para esse aspecto. Segundo os autores (um deles, Nicholas Lemann, foi diretor da Columbia Journalism School de 2003 a 2012), o fato de o jornalismo ser uma "disciplina de empréstimos", que se serve de teorias e métodos de outros campos, não deveria enfraquecer a estruturação da atividade no ambiente acadêmico.

> Em vez de lutar contra esse fato, professores de jornalismo deveriam abraçá-lo como um ponto forte para ampliar mais ainda o estudo interdisciplinar. O ensino e a pesquisa de jornalismo têm muito a ganhar com a incorporação da psicologia industrial, programação, economia, psicologia, administração e outras disciplinas que congreguem as ferramentas necessárias para entender o funcionamento da mídia e torná-la mais eficaz.[37]

Apresento aqui o método como o segundo pilar do tripé que propus, mas ele é fulcral. É a prática do método que diferencia um texto jornalístico de um não jornalístico. É o *contém jornalismo* o fator de distinção entre um conteúdo qualquer e um conteúdo jornalístico.

Evidentemente, o *contém jornalismo* não pode depender do meio, do suporte físico, da forma de transmissão ou difusão. Mas, em grande medida, na mídia analógica (digamos, antes de 1995, ano em que explodiu a internet comercial, via profusão de navegadores) a organização e a hierarquização *fixas* – numa página impressa ou na linearidade finita do rádio e da TV – propiciavam uma percepção mais favorável ao julgamento da natureza da informação. Não se está tratando disso aqui, mas é inevitável lembrar a forma como, na mídia fixa, ficavam – ainda ficam –

claras as distinções entre informação (reportagens), análise (comentários) e opinião (editoriais e colunas).

O domínio de uma *narrativa* completa o tripé com que me proponho a construir a definição conceitual. O termo tem sido bastante utilizado nos tempos de hoje, a ponto de atingir até certo desgaste graças à tradução livre de *storytelling*, com notável destaque no mundo do marketing e da gestão de marcas.

No tripé jornalístico, devemos encarar o *storytelling* como a forma final como a atitude, estruturada pelo método, fará chegar ao público a informação apurada, contextualizada e editada – na melhor versão possível até aquele momento. Aqui, estamos ainda engatinhando, e recorro a uma volta no relógio para ilustrar esse argumento.

Medina tocou no assunto ao abordar o *envolvimento* do repórter com seu entrevistado. Um leitor, ouvinte ou telespectador sente quando determinada entrevista passa emoção, autenticidade, no discurso enunciado tanto pelo entrevistado quanto no encaminhamento das perguntas pelo entrevistador. Ocorre, com limpidez, o fenômeno da identificação, ou seja, os três envolvidos (fonte da informação, repórter, receptor) se interligam em uma única vivência.[38]

Nas décadas de 1980 e 1990, ainda pré-internet, grande esforço foi empreendido nas redações para embarcar os editores na harmonização entre texto, fotos e artes. Por natural no seu processo de edição, as revistas saíram na frente, por terem na *forma* um ingrediente de maior peso específico na transmissão da informação. Nas redações dos jornais, fotos e artes eram tidas como meras ilustrações do texto principal, e não como componentes do eixo da reportagem. Com o passar do tempo, o planejamento visual ganhou importância equivalente à da edição do texto. Um dos seus mais notáveis frutos – e certamente um legado – é a consolidação do *infográfico* como gênero jornalístico, muitas vezes autônomo.

No ambiente digital, ainda usamos textos, imagens, vídeos e os recursos das redes sociais dissociados uns dos outros. Ainda não se vê uma harmonização como *produto final* para o público, em que todos aqueles elementos convirjam em direção ao propósito central da pauta. Tal qual no início dos anos 1980, ainda usamos imagens em movimento ou infográficos animados como penduricalhos do texto principal. Há honrosas exceções, aqui e ali, e talvez a mais célebre delas tenha sido a pioneira (como forma) reportagem "Snowfall", sobre a história e os sofrimentos de uma avalanche de neve, feita pelo repórter John Branch e pelas equipes de arte e vídeo do jornal norte-americano *The New York Times* em 2012.[39]

Quando veio a público, "Snowfall" tornou-se uma referência. A então editora-chefe do diário, Jill Abramson, chegou a afirmar que a reportagem se transformara num "verbo para as narrativas multimídias"[40]. Ao dizer "verbo", Abramson estava querendo dizer *padrão*. E de *padrão* para *método* é meio caminho andado.

Assim, aterrissamos no tríptico atitude-método-narrativa, com destaque, como vimos, para o segundo vértice. Essa é a minha proposta de definição para o jornalismo, uma abordagem funcional, dinâmica, processual.

Além de ser um tripé definidor, penso que a trinca pode ser útil para:

a planejamento curricular em escolas de jornalismo: com a evidente influência do eixo curatorial de cada instituição e obedecido ao núcleo de exigência legal, a grade de disciplinas pode ser testada em cada vértice do tripé. Ao canto da atitude caberiam as disciplinas de cunho mais conceitual, canônico e filosófico. Ao método, tudo que compreende o processo de trabalho – planejamento de pauta, referências cruzadas, checagem de fatos, jornalismo de dados, gestão de equipes e de processos, acesso a fontes públicas e privadas, primárias e secundárias, para ficarmos em alguns exemplos táticos. Incluem-se aqui também o tratamento das redes sociais e a análise de audiências, com tudo que a estatística e os algoritmos podem fornecer de instrumental de apoio. À narrativa, todo o ciclo de edição e apresentação sensorial dos conteúdos, na forma de textos, imagens, vídeos, áudios, infográficos e animações. A grade deveria não só ser testada como "calibrada" em seu deslocamento em direção a cada um dos vértices, semestre a semestre;

b avaliação de desempenho nas redações: os três componentes podem embasar um plano de aferição detalhado de perfis e habilidades, por editorias e níveis hierárquicos, juntamente com o desenvolvimento de carreiras;

c definição de necessidades de treinamento e reciclagem, como consequência do tópico anterior.

AS REDAÇÕES ANALÓGICAS

Com esse arsenal na bagagem, vamos analisar a jornada que todos nós estamos empreendendo pela transformação digital. Mas antes cabe um alerta circunstancial. Haverá quem diga que essa abordagem do tríptico carrega consigo um "viés de editor", que pertenceria a um paradigma antigo, no qual o emissor controlava a entrega ao receptor. Em outras palavras, dirão que essa abordagem é do tempo em que a comunicação era apenas e tão somente unidirecional, em que um lado (a emissão) impunha ao outro (a recepção) a sua mensagem. E que, nos tempos de internet madura e redes sociais em erupção, a audiência também emite, e tudo se passa num caleidoscópio de trocas e interações.

Mas o que é a reação da audiência senão a reação a algo que lhe foi mostrado? E a audiência, quando publica, comenta, interage, também não exerce o papel de emissor? O que se passa nessa teia complexa de interações em que vivemos é que se estabeleceu um verdadeiro fogo cruzado de emissões e recepções.

Porém, em cada manifestação vemos condições de se identificar um polo de emissão – e, portanto, um tríptico atitude-método-narrativa – e também um polo receptor.

Não por acaso, é a partir do segundo vértice – o método, nossa ênfase aqui –, ou melhor, da falta dele ou de sua precariedade, ou de seu uso mal-intencionado, que vemos explodir o que conhecemos como *fake news* e *pós-verdades.*

E é justamente aí que se inicia nossa análise dos impactos da transformação. Olhemos primeiro para o que, numa analogia "mecânica" e um tanto cronológica, precede o ato metodológico: o despertar da atitude. A web e as redes propiciaram canal de vazão para indignidades, protestos, manifestos e esperanças de toda espécie. E isso tem sido positivamente transformador no tecido social e geopolítico, em nível global. Afinal, a hiperconexão abriu inéditos e magníficos canais de manifestação de todos os povos, derrubando barreiras e pondo abaixo privilégios em termos de acesso às comportas de comunicação.

Da atitude, pulemos para as narrativas. As tecnologias criam, de forma incessante e interminável, novos e cada vez mais bem acabados padrões para o *display* de textos, sons e imagens estáticas e em movimento. Num simples dispositivo de mão, dominável por uma criança, existem hoje facilidades de edição antes encontradas apenas em sofisticadas produtoras da indústria cinematográfica. Portanto, toda e qualquer informação ganha a possibilidade de se apresentar num "acabamento" que um editor clássico chamaria de "forma final".

Estamos falando, especificamente, de:

a peças textuais com títulos, subtítulos e corpo informativo, cada qual com sua fonte apropriada, devidamente "diagramada" com fotos e suas respectivas legendas, destaques e citações;

b vídeos com tratamento gráfico, caracteres (legendas), edição de planos e cortes, dublagens e infografias animadas;

c até mesmo fotos e vídeos feitos em "flagrantes" ganham o ar de *breaking news*, de captações "não autorizadas".

Interessante notar, mesmo nesses poucos exemplos, que são "protocolos de edição" concebidos e consolidados pela mídia analógica. Estamos falando de *processos e padrões* no sentido descrito por Peter Burke e Asa Briggs[41].

Trata-se dos elementos de emissão, forjados em redações e em salas de aula, concomitantemente e em processo de retroalimentação, de um ambiente ao outro.

A conjunção de todos esses elementos, em última análise e em termos de interface-fruição, constitui um *formato*, o *formato jornalístico*. Nesse sentido é que sublinhamos que o jornalismo vem, em muitíssimos casos, sendo usado *apenas* como *formato*. Porém, como vimos, o jornalismo não pode prescindir de um método. E o "contém jornalismo" distingue as coisas.

Não é à toa que o fenômeno, mais recente, do chamado *deep fake news* ainda assusta por suas possibilidades perturbadoras. São conteúdos que efetivamente *parecem conter jornalismo*. Em outras palavras, *parecem ser verdade*! A forma aproxima o conteúdo forjado do suposto material crível. Usa-se o formato jornalístico para conferir credibilidade à fraude.

Em suma, jornalismo não é um formato. É um método.

Se aqui "pulamos" o segundo vértice apenas como técnica de escrita, foi para ilustrar o que, na nossa visão, acontece inúmeras vezes – por inexperiência ou decisão deliberada, como no caso das *fake news*.

As redações da era analógica, hoje rotuladas como "tradicionais", construíram seus processos de trabalho fortemente fundadas em rotinas e horários. Rituais foram assentados, levando em conta não só o tempo (horários de abertura e de fechamento próprios da mídia analógica, especialmente a impressa, mas também do rádio e da TV), mas também o espaço (refiro-me aqui à ocupação do ambiente pelas pessoas e suas respectivas funções) e as hierarquias (diferenciação clara de responsabilidades ao longo de toda a cadeia produtiva). Tomando-se essas três variáveis (tempo, espaço e hierarquia) como paradigma de um jornal impresso e diário, podemos dizer que:

a reuniões de pauta (produção) e de fechamento (edição), bem como de definição da primeira página (destaques do dia), têm forte simbolismo na definição e avaliação de notícias e reportagens especiais. Esses momentos notáveis ao longo do dia definiam com clareza os pontos de decisão do processo. "Reavaliamos no fechamento" e "Detalha esse relatório para a reunião das 14h" são exemplos de frase ilustrativas de certa cadência da linha de montagem. Ao longo da semana, outros encontros definem cadernos e reportagens de maior fôlego;

b a arquitetura da redação leva em conta a organização por assuntos (editorias); habilidades transversais ocupam espaço físico a fim de facilitar o acesso por todos – no início, fotografia e arte; e mais recentemente, vídeos, infográficos e jornalismo de dados. Decisões arquitetônicas influenciam o processo jornalístico;

c a hierarquia informativa e a escala de prioridades de conteúdo de dada publicação podem ser medidas pela alocação de recursos humanos e materiais (viagens, equipamentos, *software*) em cada editoria;

d iniciantes desfrutam da convivência (e dos conselhos e advertências) dos veteranos, numa espécie de permanente treinamento intergerações.

Nesse contexto, o ato de "publicar" revestia-se de certa solenidade. E muitos jornalistas da minha geração passaram pela experiência de só "publicar" de verdade, com assinatura, uma reportagem se ela tivesse um mínimo de aprofundamento e algum teor de exclusividade.

AS REDAÇÕES DIGITAIS

Já nas "novas redações" do século 21:

a o processo de apuração, avaliação e edição é permanente, comprimindo o tempo de reflexão e avaliação da pauta. Publicar logo, e primeiro, tornou-se imperativo para a conquista (e a manutenção) do volume de audiência – variável que, mais cedo ou mais tarde, todas as publicações acabam por perseguir em sua vida digital. É justo ponderar que as redações "tradicionais", as *legacy newsrooms*, já incorporaram esse ritmo em seus salões jornalísticos. Atualmente, nota-se uma configuração híbrida, com a característica operacional descrita acima misturada com o ritmo tradicional de fechamento;

b a arquitetura, o "arranjo físico", se alterou fortemente, dando conta das nossas necessidades de fluxo das operações on-line. Analistas de tráfego de audiência misturam-se a editores, todos emoldurados por telas a piscar as estatísticas instantâneas de visitas e engajamento;

c a demanda de velocidade de decisão se sobrepõe, em muitos momentos, à hierarquia. A esse fenômeno soma-se o imperativo de redução de custos que assolou, e ainda assola, as empresas do setor, reflexo da queda da principal sustentação do modelo de negócio, a receita publicitária. Menos recursos, menos treinamento, mais gente jovem, em formação – e decidindo frequentemente por critérios de audiência. Não por acaso, "publicar" é a palavra que aperta o gatilho em qualquer rede social;

d de alguma forma, e em alguma medida, o fluxo tradicional de produção (paradigmático nos jornais impressos) hoje convive com o novo fluxo de produção digital.

Como vimos, os novos arranjos e processos já não são mais exclusividade das "novas" redações, mas encontram-se disseminados também nas redações *legacy*, nessa mencionada configuração híbrida. Um claro sinal de que o método jornalístico, manifesto na prática pelos processos e padrões do dia a dia, já está em pleno processo de transformação.

Apesar disso, parece-nos essencial preservar os conceitos fundamentais do *método*. Nos novos ambientes profissionais, os rituais podem não endereçar suficientemente a transmissão de cultura, o treinamento e o convívio entre gerações.

Nesse novo ambiente informativo, o papel das escolas será fundamental para o desenvolvimento do jornalismo como prática multidisciplinar. Seja em nível de graduação ou de pós-graduação *stricto* ou *lato sensu*, parece-nos plausível afirmar que ao ambiente acadêmico está (ainda mais) reservada a missão de zelar pela atividade, e de nutri-la de conceitos e reflexões atualizadas. Uma maior aproximação com as empresas jornalísticas poderá certamente facilitar o cumprimento desse papel.

MEDIA LITERACY

O conceito de *media literacy* – alfabetização em mídia, no sentido de capacidade de *ler e entender* a mídia – é amplo. Ele pode envolver a discussão sobre como os indivíduos compreendem e assimilam a leitura e o debate em torno de assuntos complexos, ou como se dá o entendimento de estereótipos e de questões sobre violência.

Ainda não há estudos que analisem a fundo como a fragmentação dos meios digitais pode impactar a capacidade de interpretar fatos e dados, bem como de distingui-los entre informação, análise e opinião. Mas o tema despertou o interesse da escola de jornalismo da Stony Brook University (SBU), parte da State University of New York (Suny). O interesse não vem por acaso: nessa instituição funciona o Center for News Literacy, concebido, fundado e dirigido pelo professor Howard Schneider. Antes de falar em como reconhecer credibilidade e qualidade informativa, Schneider diz que tenta ensinar os alunos a primeiro reconhecer "em que campo estão pisando":

> Eles precisam primeiro aprender a reconhecer o terreno por meio de determinadas checagens. Primeiro, há sinais de verificação, de que a informação é checada? Segundo, há independência – de partidos, de empresas, de ideologias? E, terceiro, há formas de identificar o publicador – quem origina aquela informação, quais são suas credenciais e qualificações? Se essas três coisas existem, então estamos no terreno jornalístico.[42]

Só assim, diz Schneider, os leitores, sobretudo os jovens, podem se encontrar no "abundante e confuso ambiente" em que hoje vivemos. "Há muitas informações que parecem ser jornalísticas, que parecem ser informação checada e independente, mas na verdade não são", alerta. "São peças que fingem ser notícia." Nesse sentido alguns grupos vêm tomando iniciativas para informar e esclarecer a opinião pública a respeito da imprensa escrita e eletrônica. É o caso, por exemplo, do Instituto Palavra Aberta, que implantou em 2018 o projeto EducaMídia (www.educamidia.org), programa criado para capacitar professores e engajar a sociedade no processo de educação midiática dos jovens.

Santos debruçou-se sobre a questão do conceito "desordem informacional", cunhado por Wardle e Derakhshan. Esses autores alertam para as consequências, em longo prazo, de "semear a desconfiança e a confusão e intensificar as divisões socioculturais existentes usando tensões nacionalistas, étnicas, raciais e religiosas".[43]

A "aparência jornalística" tem o poder de agregar credibilidade a determinada peça informativa, mas não necessariamente jornalística. "As fronteiras entre o jornalismo e as outras coisas estão ficando muito difusas, pouco claras"[43], afirma Santos. Essas "outras coisas", segundo ele, seriam o entretenimento e a propaganda.

E a diferenciação entre jornalismo e opinião? "Esta seria uma subdivisão da primeira abordagem", diz Schneider. "Depois de ter verificado que se está no campo jornalístico, um segundo passo é distinguir o que é o factual do opinativo."[43]

Mas de onde vem esse legado de *media literacy* dos tempos da mídia analógica – leia-se, principalmente, da mídia impressa e de jornais e revistas? Revisitemos alguns dos principais itens de um guia básico da diagramação típico, dos anos 1990:

a estabeleça uma ordem hierárquica. Os leitores percebem rapidamente quais são as matérias mais importantes da página. As notícias principais ditam o tom da página;
b crie um centro de impacto visual. A imagem da matéria principal é o foco inicial de atenção dos leitores. Cada página deve

ter um elemento gráfico dominante. Quase todas as páginas terão um elemento gráfico associado à matéria principal. O centro de impacto visual dá o tom da página. Se a matéria principal da primeira página é suave, os leitores automaticamente assumirão que a página inteira contém notícias suaves;

c organize. Os leitores estão sempre com pressa e a informação no jornal deve estar bem organizada para evitar confusão. A diagramação do jornal deve guiar o leitor até aquilo que ele estiver procurando;

d estabeleça coerência. Mantenha as coisas no mesmo lugar todos os dias para que o leitor, que está sempre ocupado, não perca tempo procurando a informação.

O estudo da organização das páginas da mídia impressa sempre fascinou os pesquisadores da indústria de jornais. Silva foi um dos que esmiuçaram, com o uso de tecnologias ópticas, o passar dos olhos pelas páginas de um jornal impresso:

Figura 9 – As zonas de visualização de uma página impressa[44]

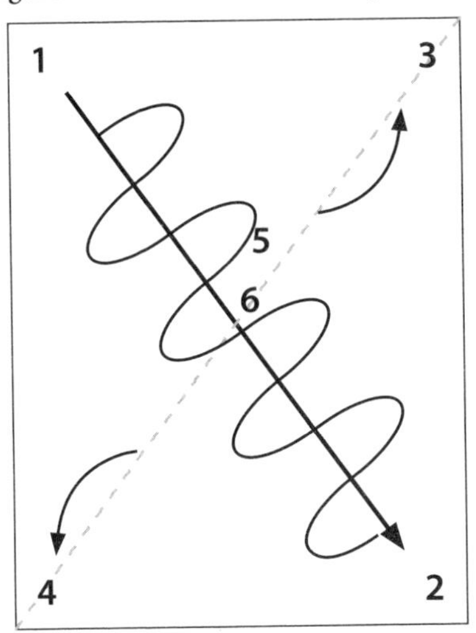

1 - Zona primária
2 - Zona secundária
3 - Zona morta
4 - Zona morta
5 - Centro ótico
6 - Centro geométrico

A "viagem" dos olhos da zona primária (1) para a zona secundária (2) tornou-se o clássico paradigma da organização da informação nas páginas impressas. Além disso, transformou-se em parâmetro utilizado por editores para estabelecer a hierarquização de informações ao longo da página. As técnicas ainda são utilizadas, nos tempos atuais, em veículos impressos, embora tenham surgido teorias alternativas ou com variantes conceituais em torno daquela.

Experimento levado a cabo pelo Poynter Institute em 2007 estudou como o leitor se comporta diante de uma tela. Dispositivos ópticos acoplados aos olhos de leitores indicavam o caminho da leitura. Já se identificava ali uma variação de movimentos, em função das ocorrências de infográficos e estímulos visuais. Diante de uma página com elementos visuais blocados – manchete na parte superior, em seguida o texto e por último as imagens –, os olhos iam reiteradamente do título para as imagens. Porém, quando os elementos visuais estavam mesclados aos textos, os olhos do leitor passeavam pela tela de maneira caótica, indo e vindo em diferentes direções. Em geral, os índices de leitura das imagens superam grandemente os de texto.[45,46]

Mario Garcia, no célebre *Eyes on the news*[47], consolidou a importância do planejamento gráfico e visual na orientação de leitura. A partir da década de 1990, muitos jornais passaram a adotar o esquema básico de "orientação de leitura" como apoio à distinção entre os três principais gêneros de edição:

a informação (I) – trata-se de reportagens e blocos de textos noticiosos e factuais. Em geral predominam os substantivos, declarações entre aspas, dados numéricos e estatísticos;

b análise (A) – é o tipo de texto que busca esmiuçar o contexto noticioso, estabelecendo relações entre eles, dentro do mesmo contexto ou explorando relações de causa e efeito;

c opinião (O) – o texto opinativo emite pareceres, tenta concluir, às vezes sentencia e às vezes enfatiza com o uso de adjetivos. Um texto de opinião de alto nível faz uso também dos recursos da análise para embasar a opinião oferecida. A diferença é que, na análise, não se conclui, apenas se exploram as possibilidades.

Muitos jornais impressos ainda se utilizam desse paradigma de organização, a nosso ver o mais eficaz em termos da clareza dos gêneros de edição:

Figura 10 – Informação, opinião e análise – as três regiões essenciais da informação diagramada

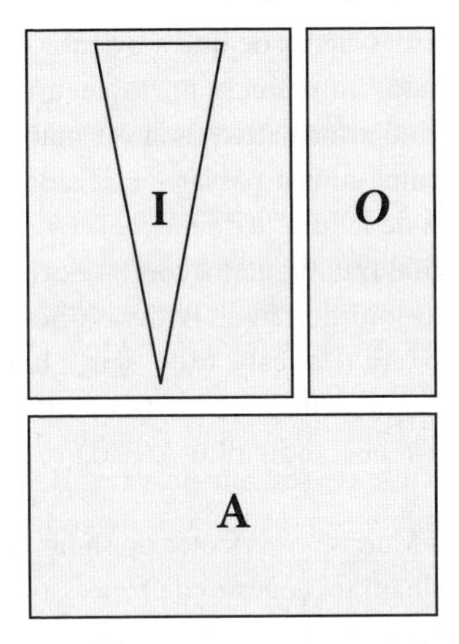

Em estudo recente, Sato[48] também chamou a atenção para o fato de a ansiedade provocada pelo excesso de informação – característica marcante dos tempos atuais – não ser assim algo tão inédito. Segundo ela, há mais de 30 anos Crichton já escrevia que éramos bombardeados com fatos demais. Sato explica que a quantidade de informação à disposição gera confusão e dúvida, seja quanto à veracidade dos dados e à confiabilidade da fonte, seja quanto à relevância de uma notícia ou àquilo que a informação realmente significa.

Júlia Gianella vai mais fundo. Para a autora, "tentativas de teorização da disciplina Design da Informação apontam que não há nada de natural na informação. Ela é sempre construída".[49] Em consequência, "o design da informação é, de fato, *metadesign*: design sobre design, design para ajudar indivíduos a fazer e desfazer suas próprias informações, seus próprios sentidos".[50]

Gianella também encontrou em Schudson um alerta importante sobre o papel do jornalismo como "organizador" de informações: "[...] com o crescimento da massa de informação disponível aos cidadãos, torna-se ainda mais crucial o papel desempenhado por profissionais que exercem funções de 'filtragem e ordenamento' desse material".[49]

Parece haver sinais claros de que a orientação visual e sinalizada da mídia analógica oferecia porto seguro para o leitor se posicionar no oceano informativo cada vez mais vasto. E que essa sinalização construiu, com o passar de décadas, um legado em termos de "cultura de leitura" e de *media literacy*.

No mundo digital fragmentado, como se orientar, como reconhecer e separar o joio do trigo? Poderá a homogeneidade das aparências digitais (em telas cabe tudo, sem a hierarquia imposta pela finitude das páginas impressas) desconstruir os efeitos calcados pelos signos nos indivíduos/cidadãos/consumidores de informação?

Como escreveu Morris, "os veículos do signo, enquanto existências naturais, partilham da conexão de processos extraorgânicos e intraorgânicos. As palavras faladas e cantadas são literalmente partes de respostas orgânicas, enquanto a escrita, a pintura, a música e os sinais sãos os produtos imediatos do comportamento".[51]

Hábitos de leitura moldam comportamentos, e estes, por sua vez, predispõem um novo instante de leitura. Ao nos defrontarmos com (O), preparamo-nos para ler uma opinião. Ao deparar com (A), eu me preparo para entender uma análise. E assim por diante.

Os efeitos das perdas em alfabetização midiática, ou pelo menos seu enfraquecimento, e o papel que uma nova composição simbólica e de representações visuais no mundo digital poderia vir a desempenhar, continuam um campo aberto para o ensino e a pesquisa em comunicação escrita e visual.

5.
As escolhas do empreendimento jornalístico num ambiente de hiperconcorrência

Dá para administrar uma empresa de jornalismo da mesma forma como se toca uma padaria? A pergunta para a qual já sabemos a resposta soa velha e ultrapassada, mas vale a pena revisitá-la. A maior parte dos empreendimentos, como o caso da padaria, pode ser analisada pela ótica pura e simples da administração geral. Os pães e doces são produzidos, controlam-se a qualidade e os custos, estimulam-se as vendas e apura-se o resultado.

Sabemos que o empreendimento jornalístico é diferente. Mas as diferenças podem ir muito além do que imaginamos. Boczkowski e Mitchelstein adotaram a metáfora da padaria para ilustrar os dilemas da condução da atividade jornalística como negócio. Em sua ilustração, relatam a história de um padeiro que decidiu, além de ganhar dinheiro fazendo pães de farinha branca, que vendiam mais e davam mais lucro, colaborar com a boa nutrição da vizinhança delimitando uma cota (40%) de pães saudáveis, feitos de farinhas integrais. Mas esses pães tinham em média de 10% a 20% de encalhe, o que representava perdas e desperdícios, enquanto os pães de farinham branca esgotavam no estoque.

Os empreendedores persistiram, pois o negócio ia bem e eles acreditavam numa espécie de missão social ao fabricar pães integrais e contribuir com a boa nutrição dos clientes – pelo menos colocando essa oferta à disposição. Entretanto, notaram que as coisas não estavam saindo como o esperado. O bairro continuou a crescer, mas a padaria passou a se defrontar com uma concorrência maior de outras panificadoras. Além disso, havia também as lojas de conveniência, que oferecem apenas as marcas mais vendidas, o que facilita a fuga do consumidor das opções mais saudáveis.

Em virtude de tudo isso, a padaria do bairro tem faturado menos, colocando em risco a viabilidade do negócio. A gerência atual gostaria de manter viva essa missão social. Deveriam eles continuar a fabricar a cota de 40% de pães feitos com farinha integral, na esperança de que a preferência do consumidor venha a mudar? Ou o certo seria enterrar essa ideia e focar em dar ao público mais do que ele de fato queira, mesmo que isso não contribua com o seu bem-estar?[52]

Saudável ou gostoso? Boczkowski e Mitchelstein usam essa comparação para analisar o dilema da adequação da oferta à demanda, equação absolutamente normal e tranquila em diversos ramos de atividade, mas particularmente sensível quando se trata da oferta de notícias, análises e opiniões.

O exemplo da padaria traça um paralelo com o dilema enfrentado atualmente pelas organizações de mídia, pois elas fornecem aos leitores grande parte das notícias que circulam na sociedade hoje, particularmente aquela tão essencial à saúde do corpo político.

A maior possibilidade de escolha proporcionada pelo ambiente digital – em muitos aspectos maravilhosamente positiva – pode gerar um maior consumo de itens "supérfluos", reduzindo substancialmente o acesso a informações indispensáveis para a vida pública e a formação da cidadania? Os autores realizaram estudos empíricos em diversos sites noticiosos e relataram: embora as organizações disseminem notícias sobre política, questões internacionais e economia, as histórias que atraem mais a atenção do público tendem a ser aquelas sobre esportes, crime e entretenimento.

Não se está querendo defender, obviamente, que informar-se sobre esportes, criminalidade e entretenimento seja algo desprezível ou desnecessário. Da mesma forma, na analogia da padaria, não se quer dizer que degustar de um *donut* açucarado não seja um prazer esporádico quase indispensável. A questão é: quando a escolha se concentra exclusivamente nas preferências pessoais, atitude comum nas redes sociais, perde-se o contato com a oferta mais ampla – e, nesse sentido, potencialmente mais saudável.

Tem-se, portanto, uma importante reflexão sobre a gestão da oferta de conteúdos jornalísticos. A competição, nessa analogia, "piora" o jornalismo? Se as redes de conveniência não tivessem se instalado nas proximidades da padaria de bairro, esta teria conseguido manter sua cota de 40% de pães integrais, beneficiando, em alguma medida, a saúde dos clientes?

Há um aparente paradoxo aqui. Em qualquer mercado, a entrada de novos competidores é sempre algo positivo do ponto de vista dos clientes/consumidores. Esse é um preceito básico e claro da administração geral. O aumento da competição classicamente é acompanhado do aprimoramento da oferta, o que de imediato beneficia a demanda, que passa a ter maior possibilidade de escolha e geralmente com preços melhores.

Reside aí um dos dilemas que aflige qualquer empreendimento, mas que no jornalismo adquire outros tons: a questão da qualidade e da especialização diante do volume e da abrangência do público e da audiência.

Interessante notar que até esse momento estamos analisando um contexto de mercado – tomando a padaria de bairro como referência – em que a concorrência se estabelece em mesmas bases conceituais, ou seja, ofertando em canais de distribuição e formas de comercialização semelhantes, praticando os preços que lhe forem adequados. Os competidores atuam nas mesmas bases.

O que acontece quando surgem competidores atuando em outras premissas? Isso nos leva a analisar dois fenômenos contemporâneos. Primeiro, os agregadores (como Google Notícias e Yahoo Notícias) e, depois, as redes sociais, como Facebook e Twitter. Ambas as plataformas, cada uma com suas características, se configuram como sólidos canais de distribuição de conteúdos produzidos por terceiros.

Os agregadores se fortaleceram nos anos 2000 e logo suscitaram o debate em torno de quão legítimas seriam essas operações, uma vez que estariam compondo um novo produto informativo (uma lista de notícias com alguma hierarquia e "recomendação", baseada em relevância na rede) sem contudo remunerar diretamente os criadores originais daqueles conteúdos (os *publishers*, as redações, geralmente da *legacy media*).

Mas os agregadores geram tráfego para esses *publishers*, que podem se beneficiar disso, argumentaram (e ainda argumentam) os agregadores. Athey e Mobius analisaram o efeito dos agregadores no comportamento dos internautas ao consumir notícias, com especial foco nos mercados francês e espanhol. Uma das principais conclusões é que o efeito de distribuição em massa dos agregadores efetivamente aumenta o contato dos usuários com as notícias. (Ou seja, na analogia da padaria, quem nunca tinha tido contato com um pão ou um doce passa a ter. Em outras palavras, os agregadores alimentam mais gente do que os publicadores isoladamente.)

Na comparação, mesmo empresas de mídia pouco conhecidas passariam a ser "descobertas" a partir da experiência com agregadores. Esse é o lado positivo apontado pelo estudo: o aumento da distribuição em massa dos conteúdos produzidos pelas empresas de mídia. É o efeito potencializador da megadistribuição digital.[53]

O mesmo estudo aponta ainda o extremo poder da lista (ranking) exibida pelo agregador, fator potencialmente enfraquecedor do poder de curadoria das empresas de mídia. Aponta ainda que os agregadores acabam sendo, na prática, competidores das empresas das quais eles extraem conteúdos para distribuir.

Mesmo assim, Athey e Mobius destacam o papel dos jornais – de suas primeiras páginas e das *home pages* dos seus websites – na tão falada curadoria. Nos jornais *off-line*, os editores selecionam qual das notícias vai virar manchete na página principal e como serão dispostas as demais reportagens. Na versão *on-line*, é a página índice que cumpre a função de primeira página. Agregadores como Google Notícias driblam esse índice: eles essencialmente substituem a página principal do publicador original pela sua própria.

No Brasil, um episódio capitaneado pela Associação Nacional de Jornais (ANJ) foi analisado em conferências pelo mundo todo. Segundo Fraga,

> Os principais jornais brasileiros abandonaram o serviço Google Notícias depois que o maior buscador da internet no mundo negou-lhes qualquer compensação financeira pelo direito de usar suas manchetes. A debandada ocorreu durante o último ano (2011), quando a Associação Nacional de Jornais do Brasil (ANJ) começou a orientar seus associados a sair do serviço. A recomendação da ANJ foi seguida em massa pelos 129 jornais que integram a associação e respondem por mais de 90% da circulação de jornais no Brasil. O Google argumenta que não há necessidade de nenhum pagamento pelo uso das manchetes, porque esta prática beneficia os jornais ao enviar a seus sites um grande volume de usuários.[54]

Em palestra no curso de Economia da School of International Public Affairs (Sipa) da Columbia University, a professora Susan Athey expos os principais pontos das suas pesquisas. Ela sublinhou o fato de que os agregadores pegam as notícias produzidas pela *legacy media* e as distribuem em enorme escala e abrangência geográfica, satisfazendo um amplo público.[55]

O problema - argumentei com ela - é que a partir daí aquele mesmo público não se torna disposto a pagar pelas notícias. A megadistribuição acaba com a escassez, reduzindo o valor de face. Abundância tendendo ao infinito, valor de face tendendo a zero.

A conversa com Susan Athey me fez voltar à analogia da padaria - ou, melhor dizendo, da alimentação e nutrição. Pensemos numa rede de produtores de alimentos. Para manter a simetria da comparação, imaginemos que essa rede de produtores detenha também a distribuição ao público – que é o formato do modelo tradicional da mídia. Imaginemos um ambiente competitivo composto por diversas dessas redes produtoras e distribuidoras, que vendem com lucro os alimentos.

Imaginemos agora que surgisse uma nova empresa focada na distribuição gratuita e em massa de alimentos coletados nas redes produtoras. A frota dessa empresa distribuidora passaria todas as manhãs e recolheria parte da produção de cada rede, formando um todo muito maior do que a oferta de cada rede especificamente, o qual seria distribuído gratuitamente, em porções limitadas, na mesma vizinhança em que atuam as redes originais. A empresa distribuidora nada paga às produtoras, alegando que a distribuição amostral seria um estímulo para que os usuários procurem os conteúdos originais.

Importante sublinhar, nessa analogia:

a a distribuição das "amostras" não é limitada a certo período, o que normalmente caracteriza uma promoção, um *teaser* para atrair público para as redes originais (argumento forte da tal rede de distribuição amostral em massa);

b a distribuição das tais "amostras" é gratuita.

Com o tempo, os usuários passam a se satisfazer com a porção de alimento distribuído de forma promocional. Muitos deles vão às redes originais procurar maiores porções do que acabaram de conhecer, mas no todo diminui a venda das fontes originais.

Com o recuo – tido num primeiro momento como temporário – das vendas dos produtores originais, cai sua margem de lucro, o que por sua vez impacta a capacidade de investir em qualidade e novos produtos.

Mas os produtores não querem reduzir a oferta do que produzem, pois acreditam que num futuro próximo o maior volume de clientes proporcionado por essa degustação em massa compensará a menor margem que auferem em cada produto vendido.

Esse é um argumento forte da megarrede distribuidora, no qual os produtores estão sinceramente apostando.

Assim, esses produtores passam a tolerar menor qualidade no produto original. A megadistribuidora não reclama, até porque os usuários finais da distribuidora também não reclamam – o produto é gratuito, e de alguma forma continua satisfazendo. Mas o que se observa no todo, olhando o ambiente completo, é que a qualidade final de toda a distribuição, a paga e a gratuita, caiu. O todo nutricional é menor.

Note-se que, se a megadistribuidora remunerasse de alguma forma os produtores originais, estes teriam mais chances de manter sua capacidade de investimento na qualidade dos produtos, e a qualidade do ambiente como um todo poderia ser preservada.

Sabemos que os desafios econômicos das empresas jornalísticas, notadamente as que editam jornais impressos, remontam à fase pré-internet. Como vimos, a queda da receita publicitária já ocorria no início dos anos 1990, bem antes de os navegadores aparecerem e tornarem a internet, antes confinada aos ambientes acadêmicos, uma rede global. Não se está afirmando aqui, então, que o surgimento das plataformas de distribuição em massa e gratuita – os agregadores e depois as redes sociais – seja o único responsável pela queda da capacidade de investimento das empresas jornalísticas. O que se está propondo analisar é o efeito dessa variável específica: a saturação da oferta gratuita, mas não apenas na capacidade econômica das empresas *legacy media*, mas também, e sobretudo, nas características do novo ambiente informativo que está sendo construído.

6.
Radiografando redações

Como vimos até aqui, ao longo das últimas duas décadas ficou claro o processo de restruturação, no sentido do enxugamento, das principais redações de jornais – um dos paradigmas bem acabados de "plataformas estáveis de produção e edição". Porém, faltava um mapeamento quantitativo desses movimentos, sobretudo no Brasil.

Mas que redações pesquisar? O objetivo inicial era ambicioso: traçar um panorama completo e nacional. Contatamos a Associação Nacional dos Jornais (ANJ) e, com a justificativa de estudo acadêmico, a entidade nos forneceu uma primeira base de nomes de editores-chefes e seus e-mails.

O universo fornecido pela entidade correspondeu à totalidade dos jornais associados em 2016, num total de 129 publicações. Ao todo, 62 delas responderam, o que correspondia a 60% da circulação total dos jornais brasileiros, ou 80% dos chamados *quality papers*, segundo os dados do Instituto Verificador de Circulação (IVC).

Quality papers, no jargão do setor, correspondem geralmente ao principal título de uma capital ou cidade média. Conceitualmente se diferenciam dos jornais "populares". O termo *quality* se consolidou na imprensa britânica e está registrado na Wikipédia como "uma categoria de jornais de circulação nacional que se distingue por sua seriedade".

Por que os *qualities* são fortemente representativos neste estudo? Por uma questão simples: eles detêm um processo produtivo completo, com todas as editorias (assuntos). E praticamente em toda casa editorial, o "popular" é o segundo título, feito a partir da produção do título principal. Em outras palavras, o "popular" é predominantemente, com raras exceções, uma reedição do material originalmente produzido pelo título principal.

Um último ajuste, retirando dois populares da lista, nos levou a 60 publicações pesquisadas. Veja a Figura 11:

Figura 11 – Resumo da amostra quantitativa da pesquisa

Foram entrevistados 60 jornais brasileiros entre os associados à ANJ:

- em 20 estados do Brasil;
- com no mínimo 5 publicações em cada região do país;
- representando uma circulação de cerca de 2 milhões de exemplares por dia, incluindo edições digitais;
- o que significa cerca de 60% da circulação auditada pelo IVC, chegando a quase 80% da circulação dos *quality papers* (os populares não foram objeto deste estudo).

Distribuição da amostra por estado

Outra questão residia na acurácia das respostas dos entrevistados acerca da magnitude das transformações por editoria. Que nível de precisão seus testemunhos carregariam? Que grau de credibilidade lhes confeririam suas memórias ao dissertar sobre "mudanças nos últimos dez anos" – questão central do nosso propósito?

Apegamo-nos aí ao conceito de *assertiva de tendência*. O editor pode não ser puramente preciso no seu testemunho, digamos, do percentual exato. Mas, detentor máximo das decisões de processo e estrutura, ele reúne condições de dar um testemunho representativo acerca do assunto.

Praticamente todos (93%) os jornais respondentes tinham edição digital. A maioria (57%) era editada na forma impressa em formato *standard* (o tamanho convencional, "grande", dos jornais impressos, também chamados de *broadsheet*). Veja a Figura 12.

Figura 12 – Ocorrência de edição digital e formatos por dia de circulação

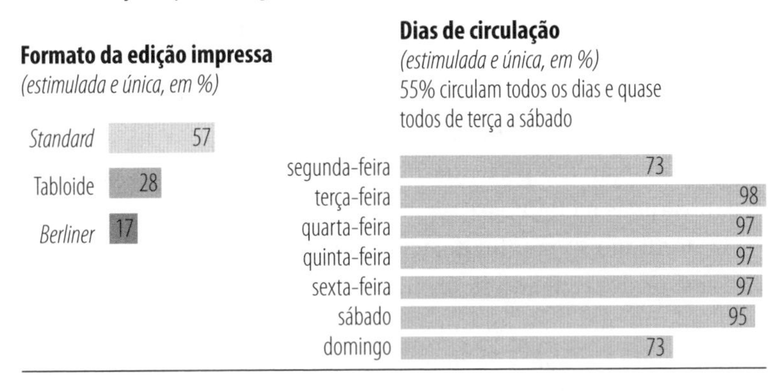

E as circulações de terça a sábado foram as de maior frequência (95% a 98% dos jornais), seguidas de segunda e domingo (73%). Em termos de dias de circulação da edição impressa, vimos que o domingo era o dia mais forte da semana, seguido do sábado, como exposto na Figura 13.

Figura 13 – O peso da edição impressa por dia da semana

Número de páginas de redação por dia de circulação

Dias de circulação (em %)		<20	20-29	30-39	40-49	50 ou +	Média de páginas (em absoluto)	Base: jornais que circulam em cada dia
73	segunda-feira	9	46	30	9	7	29,6	44
98	terça-feira	15	51	20	9	5	27,9	59
97	quarta-feira	14	48	22	10	5	28,4	58
97	quinta-feira	17	35	28	16	5	30,1	58
97	sexta-feira	14	45	19	17	5	29,8	58
95	sábado	12	44	12	18	14	**35,8**	57
73	domingo	9	16	25	16	34	**45,8**	44

Nos domingos, a média declarada foi de 45,8 páginas/edição, seguida da de sábado, com 35,8 páginas editoriais por edição.

Para bem entender as diferentes tonalidades na Figura 13, tomemos como exemplo o domingo: 9% dos jornais declararam ter menos de 20 páginas, 16% declararam ter entre 20 e 29 páginas; 25% declararam ter entre 30 e 39 páginas, 16% declararam ter entre 40 e 49 páginas, e 34% declararam ter 50 ou mais páginas aos domingos. A média resultante é a destacada, 45,8 páginas. Essa técnica de estratificação das participações percentuais, ligadas às tonalidades mostradas na figura, se repetirá ao longo dos gráficos a seguir.

O domingo só não foi detectado como o dia mais forte no Sul do país, onde o sábado liderou, como vemos na Figura 14. Esse resultado certamente foi impactado pela mudança, na época, da estratégia de formatos de dois importantes periódicos da região, *Zero Hora*, sediado em Porto Alegre (RS), e *Gazeta do Povo*, de Curitiba (PR). Em 2016, ambas as publicações extinguiram suas edições de domingo, passando a ter uma "edição de final de semana", publicada aos sábados. A estratégia foi mantida pelo *Zero Hora*[56]. Mais tarde, em 2017, portanto depois da realização da pesquisa, a *Gazeta do Povo* extinguiu por completo sua edição impressa diária, passando a circular apenas no formato digital, com uma única versão em papel aos finais de semana[57].

Figura 14 – Média do número de páginas de redação e cada dia de circulação, por região

Média de páginas de redação em cada dia de circulação, por região
(em absoluto)

	Sul	Sudeste	Norte + Nordeste + Centro-Oeste
segunda-feira	29,6	27,3	33,1
terça-feira	28,7	25,2	31,3
quarta-feira	29,0	25,8	31,6
quinta-feira	30,1	28,3	32,6
sexta-feira	31,1	26,7	33,1
sábado	**51,5**	30,3	32,4
domingo	34,0	**42,3**	**56,3**

Entramos, então, no âmbito das editorias, a divisão temática em torno da qual as redações se organizam – e cujo modo de organização ainda é predominantemente pautado pela clássica divisão de assuntos das edições impressas.

A Figura 15 mostra que, em média, a editoria Internacional era a menos presente na amostra.

Figura 15 – Presença das editorias (temas) em %

Presença de editorias
(estimulada e única, em %)

	Total	Região		Formato	
		Sudeste	Demais regiões	*Standard*	*Berliner* + tabloide
Esportes	95	89	100	97	92
Variedades	95	89	100	94	96
Política Nacional	92	89	94	94	75
Economia, Negócios e Finanças	90	89	91	07	85
Política Local	88	82	94	88	89
Internacional	72	68	75	77	65

A amostra nos permitiu estratificar as informações por regiões e por formatos.

E o que as redações brasileiras nos contaram quanto ao tamanho do seu jornalismo? Elegemos duas variáveis: o número total de profissionais (que dá uma dimensão do poder jornalístico desses veículos, o tamanho de seus "exércitos") e o número total de páginas de suas edições impressas.

A Figura 16 aponta que 83% dos jornais brasileiros relataram redução do número de profissionais num período de dez anos imediatamente anterior à realização da pesquisa, enquanto 13% afirmaram que o número de jornalistas se manteve. Apenas 3% dos entrevistados declararam que o plantel foi aumentado. O percentual de declaração de redução de jornalistas foi maior nas publicações de formato *standard* (88%) do que nas de formato tabloide (77%).

Figura 16 – Panorama do enxugamento em dez anos (em %) – em páginas e em profissionais

Situação dos jornais em relação há 10 anos
(em %)

Páginas

Jornalistas

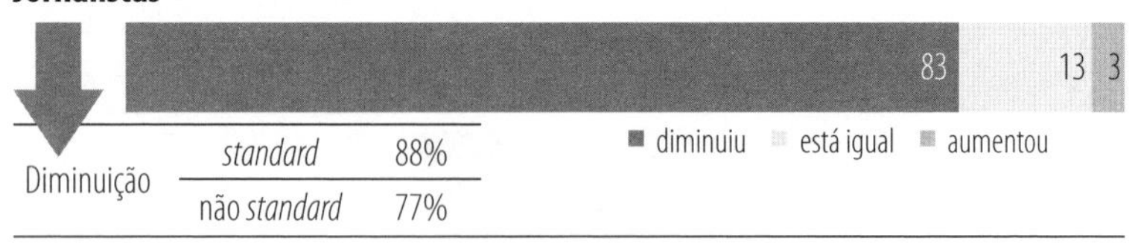

Desse mesmo universo, 78% afirmaram ter havido redução do número de páginas das edições impressas, enquanto 13% declaram manutenção do número de páginas e outros 8% relataram aumento das páginas impressas. Da mesma forma, a redução do volume de páginas foi maior nos *standards* (88%) do que nos tabloides (65%).

Figura 17 – Distribuição de páginas por editoria (temas) em %

Editoria	1	2	3 a 4	5 a 6	7 ou +	Média de páginas	Base: jornais que têm cada editoria
Esportes	11	21	40	16	12	4,4	*57*
Variedades	12	11	28	26	23	**5,1**	*57*
Política Nacional	42	27	13	7	11	2,7	*55*
Economia	19	32	32	7	11	3,5	*54*
Política Local	11	34	28	10	17	4,1	*53*
Internacional	74	19	2	2	2	**1,5**	*43*

Na Figura 17, um achado temático: Variedades, Esportes e Política Local foram as editorias que permaneceram com mais páginas.

Variedades aparece como a editoria mais "produtiva" – é a melhor relação páginas/jornalistas, como mostra a Figura 18.

Figura 18 – A relação páginas *versus* profissionais por editoria (em %)

Páginas por editoria

	1	2	3 a 4	5 a 6	7 ou +	Média de páginas
Esportes	11	21	40	16	12	4,4
Variedades	12	11	28	26	23	**5,1**
Política Nacional	42	27	13	7	11	2,7
Economia	19	32	32	7	11	3,5
Política Local	11	34	28	10	17	4,1
Internacional	74	19	2	2	2	**1,5**

Jornalistas por editoria

	1	2	3 a 4	5 a 9	10 ou +	Média de jornalistas	Base: jornais que têm cada editoria
Esportes	19	18	21	29	14	**7,2**	*57*
Variedades	25	19	20	23	14	4,8	*57*
Política Nacional	48	14	18	6	14	5,1	*55*
Economia	25	28	11	21	15	5,7	*54*
Política Local	8	19	32	25	17	**7,4**	*53*
Internacional	68	10	10	5	8	**2,6**	*43*

Os jornais com formato *standard* são os que alocam mais profissionais em Política (tanto nacional quanto local) e em Economia.

Normalmente, com a conhecida exceção de Rio Grande do Sul (*Zero Hora*) e Paraná (*Gazeta do Povo*), o formato *standard* está associado a publicações tecnicamente *qualities*, enquanto os formatos reduzidos, como os tabloides, estão associados, genericamente, a linhas editoriais mais leves. Não surpreendeu essa tendência, entre os jornalões, de maior alocação em duas editorias classicamente vistas como "sérias" – Política e Economia. Veja a Figura 19.

Figura 19 – Variação da alocação de profissionais por assuntos de acordo com o formato da edição impressa

	Standard	Não *standard* (*berliner* + tabloide)
Esportes	5,2	**9,9**
Variedades	4,9	4,8
Política Nacional	**6,4**	3,3
Economia	**6,2**	5,0
Política Local	**7,5**	**7,1**
Internacional	3,1	1,8

Figura 20 – Como o enxugamento foi distribuído por editorias (temas) nos último dez anos (em %)

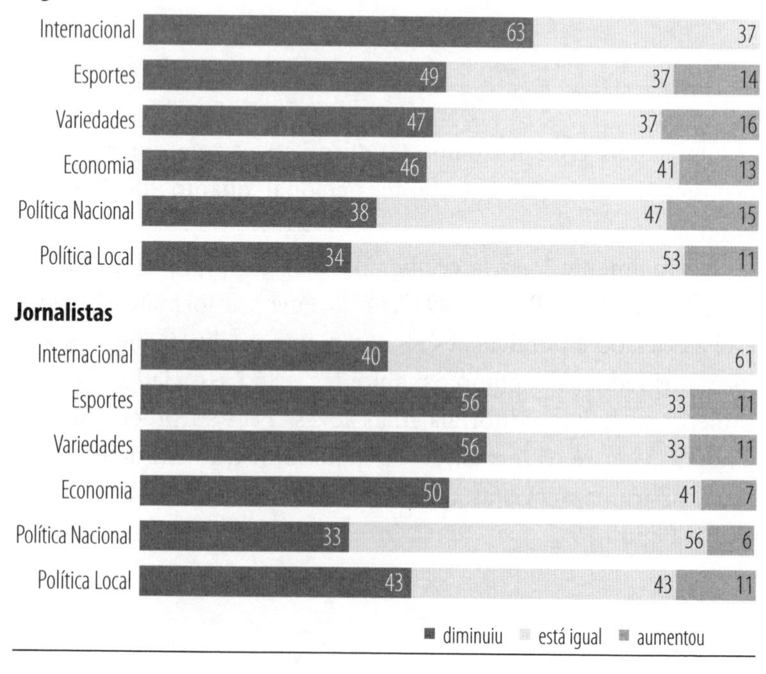

Analisemos agora, em detalhe, pela Figura 20, o movimento de redução de jornalistas. A maior parte das redações reduziu mais jornalistas do que páginas - o que sugere um movimento geral no sentido de maior produtividade e de tentativa de preservação do produto impresso, mesmo que com uma equipe menor.

Mas, nitidamente, as editorias de Política, tanto nacional quanto local, foram as mais "preservadas" - apresentaram os menores percentuais de redução. Uma das razões desse achado pode ter sido a efervescência do noticiário político no país na última década: desde as manifestações de 2013 e a eclosão das investigações da Operação Lava-Jato, em 2014, o noticiário político se mostra muito movimentado, em todo o país e em todas as esferas - federal, estadual e municipal.

Ao mesmo tempo, o movimento de tentativa de preservação das editorias de Política é mais forte no Sudeste - veja a Figura 21.

Figura 21 - Como o enxugamento ocorreu por regiões do país nos últimos dez anos (em %)

	% que diminuíram páginas		**% que diminuíram jornalistas**	
	Sudeste	Demais regiões	Sudeste	Demais regiões
Política Local	30	37	39	**47**
Política Nacional	36	40	28	37
Economia	**56**	38	**60**	41
Internacional	**58**	**67**	**47**	33
Esportes	**52**	47	**68**	**47**
Variedades	**52**	44	**60**	**53**
Base	*25*	*18*	*25*	*30*

E como essas redações se utilizam do conteúdo de terceiros - tipicamente agências fornecedoras? Sabemos que o uso de conteúdo de agências é uma estratégia para complementar a produção própria, e geralmente com menor custo - e em boa parte das vezes com o propósito de aprimorar a qualificação do conteúdo da publicação.

As próximas figuras mostram que o uso de agências é regra, e não exceção. Oitenta porcento das redações afirmam recorrer a elas em todas as editorias. O uso de conteúdo proveniente dessas agências na editoria Internacional é o mais comum – um uso clássico nas redações.

Figura 22 – Uso de conteúdo de agências de notícias (em %)

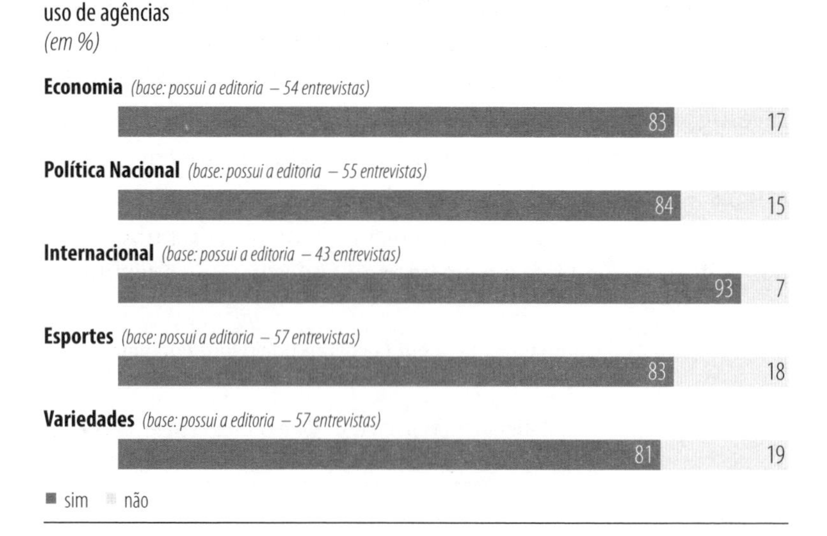

Porém, até mesmo o uso de agências sofreu redução generalizada, como mostra a Figura 23.

Na produção própria, o movimento geral também foi de redução. Mas, relativamente, foi na produção própria que os editores relataram ao menos algum crescimento – um possível sinal da demanda gerada pela operação digital. Mesmo com a redução do número de páginas, algum aumento de produção foi verificado. O que mais uma vez sugere aumento de produtividade, já que a redução do número de jornalistas foi também generalizada. Veja a Figura 24.

Figura 23 - Enxugamento no uso de conteúdo de agências comparado com a redução de profissionais (em %)

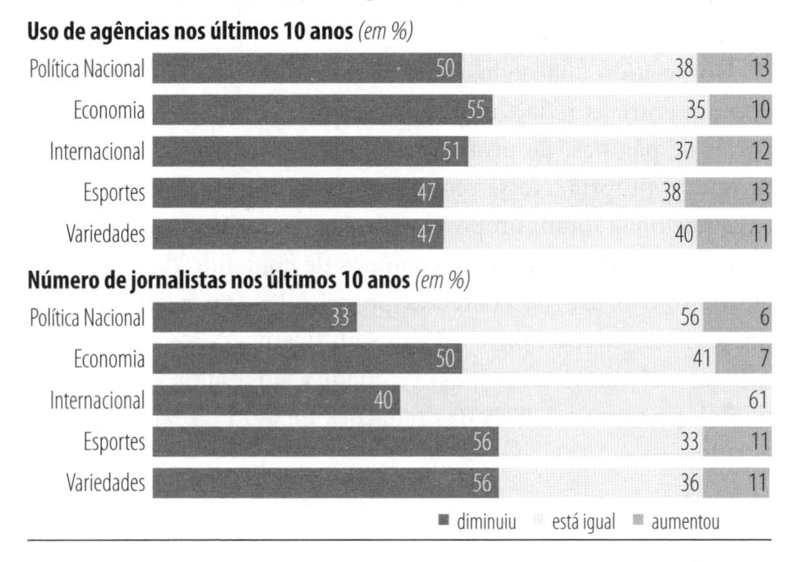

Figura 24 - Comparação entre enxugamento da produção própria e uso de conteúdos de agências

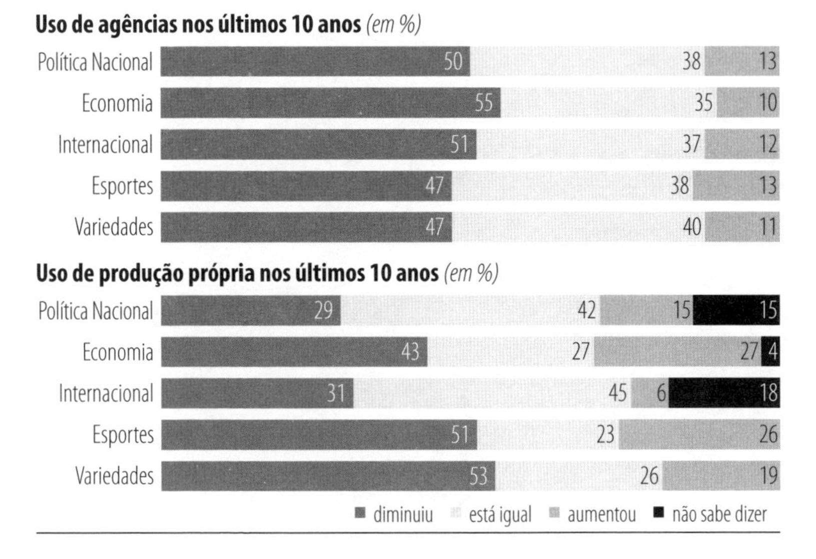

Em resumo, as redações dos jornais brasileiros diminuíram de tamanho, tanto em número de profissionais quanto nas páginas de suas edições impressas.

No período analisado, de dez anos, o comportamento mais comum entre as redações dos jornais diários brasileiros foi o de corte: de páginas, de profissionais, de uso de agências e até de produção própria. Nesse movimento as editorias de Política, local e nacional, foram proporcionalmente as mais preservadas.

O corte também atingiu a compra de conteúdo de agências e até mesmo o uso de conteúdo próprio. Porém, a queda deste último foi menor e houve até um significativo percentual de aumento, indicando uma possível dedicação maior à operação digital, presente em 92% das redações quando da realização do estudo.

7. Os políticos caem nas redes

DIANTE DA RADIOGRAFIA DO encolhimento das redações, decidimos obter alguma medida do grau de exposição à informação "oficial" ou oficiosa a que os leitores, cidadãos e a sociedade como um todo poderiam ficar expostos. Assim, propusemo-nos a monitorar, em determinados momentos, a atividade digital dos governadores de todos os estados da federação. Escolhemos o Facebook como plataforma de medida da atuação dos governantes pelo fato de ser a rede social de maior penetração entre os brasileiros naquele período estudado. Ao mesmo tempo, monitorou-se a atividade no Facebook de dado jornal de cada estado da federação – não necessariamente o mesmo jornal da base da ANJ do capítulo anterior, mas aquele que foi possível acessar, como se verá adiante.

Para a coleta de dados, consideramos três cortes temporais:

- **Período 1** – março, abril e maio de 2013 – período anterior às manifestações de 2013, quando houve um incremento da atividade em redes sociais em todo o país;
- **Período 2** – setembro, outubro e novembro de 2013 – período imediatamente posterior às manifestações;
- **Período 3** – dezembro de 2015, janeiro e fevereiro de 2016.

Os dados coletados no Facebook foram o volume de publicações e o número de interações nessa rede. Assim, totalizamos todos os posts feitos em cada um dos três períodos pelos governadores e pelos jornais, e quanto provocaram de "curtir", "compartilhar" e "comentar" (assim denominados "interações").

No caso dos governadores, houve mudança de mandato no final de 2014. Assim, o comparativo foi feito considerando o volume de publicações e interações do governante em exercício anteriormente com os do eleito (ou reeleito) e empossado para o período seguinte.

Figura 25 – Governos cuja postagem no Facebook foi medida

Região Norte		
	2013	2016
AC	Tião Viana	Tião Viana
AP	Camilo Capiberibe	Waldez Góes
AM	Omar Aziz	José Melo
PA	Simão Jatene	Simão Jatene
RO	Confúcio Moura	Confúcio Moura
RR	José de Anchieta Júnior	Suely Campos
TO	Siqueira Campos	Marcelo Miranda

Região Nordeste		
	2013	2016
AL	Teotônio Vilela Filho	Renan Filho
BA	Jacques Wagner	Rui Costa
CE	Cid Gomes	Camilo Santana
MA	Roseana Sarney	Flávio Dino
PB	Ricardo Coutinho	Ricardo Coutinho
PE	Eduardo Campos	Paulo Câmara
PI	Wilson Martins	Wellington Dias
RN	Rosalba Ciarlini	Robinson Faria
SE	Jackson Barreto	Jackson Barreto

Região Centro-Oeste		
	2013	2016
DF	Agnelo Queiroz	Rollemberg
GO	Marconi Perillo	Marconi Perillo
MS	André Puccinelli	Reinaldo Azambuja
MT	Silval Barbosa	Pedro Taques

Região Sudeste		
	2013	2016
ES	Renato Casagrande	Paulo Hartung
MG	Antonio Anastasia	Fernando Pimentel
RJ	Sérgio Cabral	Luiz Pezão
SP	Geraldo Alckmin	Geraldo Alckmin

Região Sul		
	2013	2016
PR	Beto Richa	Beto Richa
RS	Tarso Genro	José Ivo Sartori
SC	Raimundo Colombo	Raimundo Colombo

Encontramos dificuldades na coleta de dados das redes dos jornais. O Facebook apresentou, na época, restrições quanto à busca de dados em sua base, o que reduziu o nosso escopo, que consideraria inicialmente todos os jornais associados à ANJ.

Partindo de todos os jornais listados pela ANJ, começamos a solicitar os dados das páginas de todos eles simultaneamente. Depois de muitos dias rodando, o sistema produziu dados de alguns perfis, mas não de outros. Depois, percebemos que alguns dos jornais tinham *gaps* (ausências) de dados nos três períodos de interesse.

Pelo volume de posts que as páginas produzem, pelo volume de demanda ou até mesmo pelo volume de consultas sendo feitas àquelas páginas (por nós ou por qualquer outro), o Facebook passou a – automaticamente – bloquear o acesso aos dados.

Não há uma regra conhecida quanto ao que deixou de ser coletado. Não foram necessariamente as páginas mais populares ou as "últimas da fila": foi simplesmente o que o Facebook nos permitiu "enxergar". Considerando essa limitação e o tempo que tínhamos para fazer o levantamento, tratamos de garantir que todos os estados estivessem representados. Assim, juntamente com as informações dos governadores, coletamos os dados de redes sociais de pelo menos um jornal por estado – não necessariamente os jornais da base da ANJ monitorados e relatados no capítulo anterior. Veja as figuras a seguir.

Figura 26 – Jornais monitorados no Facebook em cada estado

Região Norte	
AC	AC24Horas
AM	D24am
AP	A Gazeta
PA	Diário Online
RO	Gazeta de Rondônia
RR	Folha de Boa Vista
TO	Jornal do Tocantins

Região Nordeste	
AL	Gazeta de Alagoas
BA	Correio 24 Horas
CE	Diário do Nordeste
MA	O Estado do Maranhão
PB	Jornal da Paraíba
PE	Diário de Pernambuco
PI	Meio Norte
RN	Tribuna do Norte
SE	Jornal da Cidade

Região Centro-Oeste	
DF	Correio Braziliense
GO	O Popular
MS	Correio do Estado
MT	Gazeta Digital

Região Sudeste	
ES	Gazeta Online
MG	Portal O Tempo
RJ	Jornal Extra
SP	Estadão

Região Sul	
PR	Umuarama Ilustrado
RS	Clic RBS
SC	A Notícia

Gráfico 1 – Média diária de posts dos jornais acessados

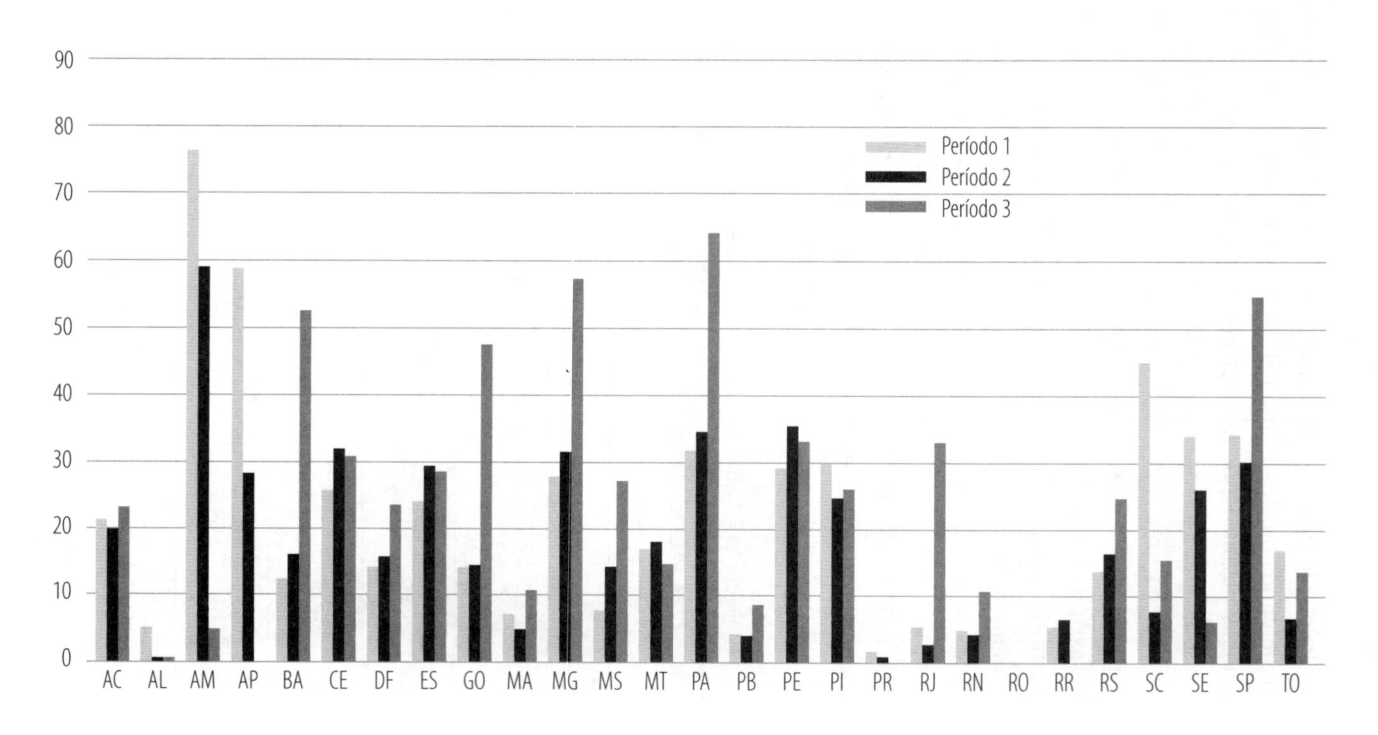

Gráfico 2 – Média diária de posts dos governadores

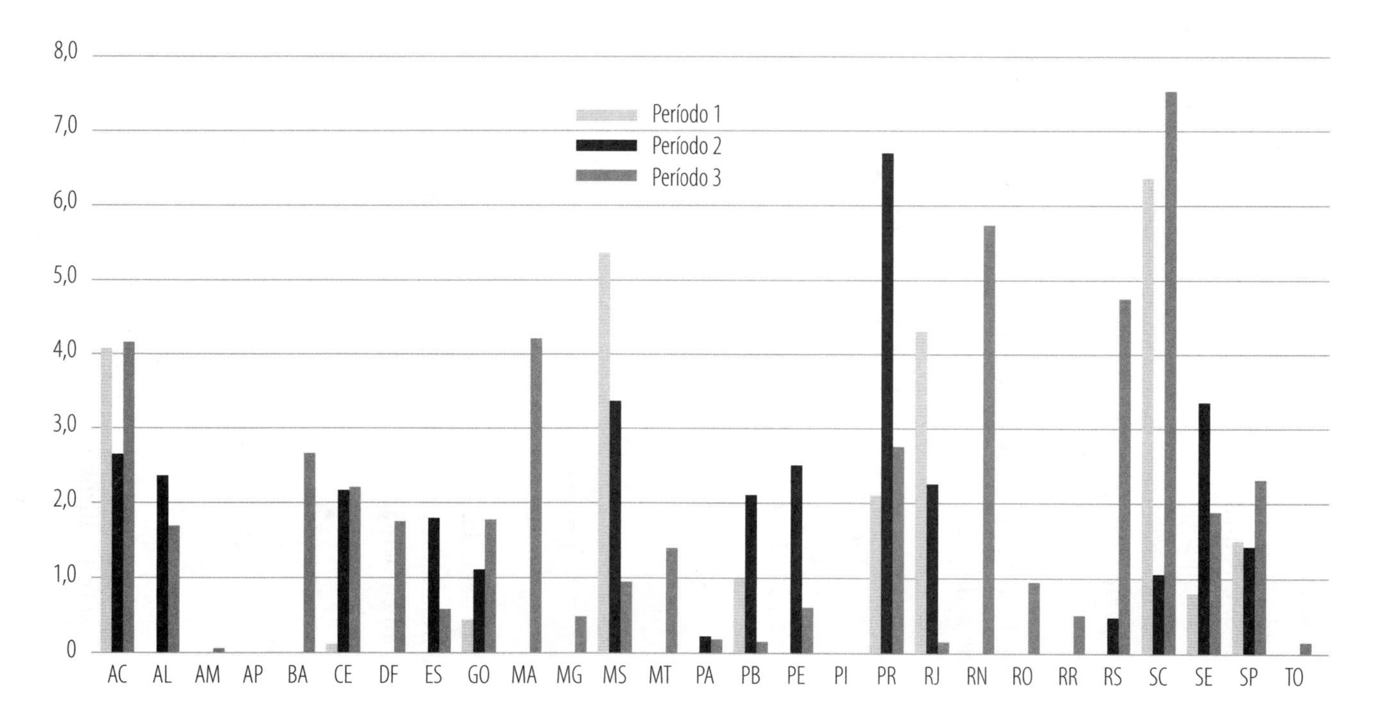

Esse tipo de coleta e sua consequente comparação ainda não encontravam referências estabelecidas no cenário de pesquisa, fator que contribui para a sua importância como levantamento inédito. No geral, obtivemos as seguintes médias diárias de posts dos jornais acessados nos períodos escolhidos (Gráfico 1).

Nos mesmos períodos, flagramos a média diária de posts dos governadores apresentada no Gráfico 2.

O Gráfico 3 sintetiza o comportamento médio nas redes sociais (Facebook), nos períodos 1, 2 e 3, comparando jornais e governadores.

Gráfico 3 – Evolução da média diária de posts

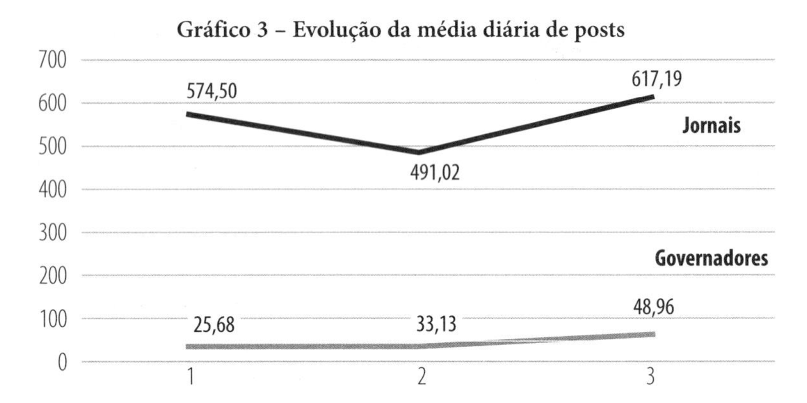

Em seguida, decidimos analisar, além do volume de posts, a quantidade de interação por post. Uma interação por post pode ser:

a um comentário (quando o internauta comenta o post);

b um compartilhamento (quando o internauta redireciona o post para seus contatos e/ou sua rede social, ou em outras redes sociais);

c uma "curtida" (quando o usuário dá *like* ou *dislike* no post).

Um post sem compartilhamento é algo que não provocou reação nenhuma, ou seja, colheu a indiferença do usuário/internauta.

Veja os Gráficos 4 e 5.

Gráfico 4 – Média de interações por posts dos jornais

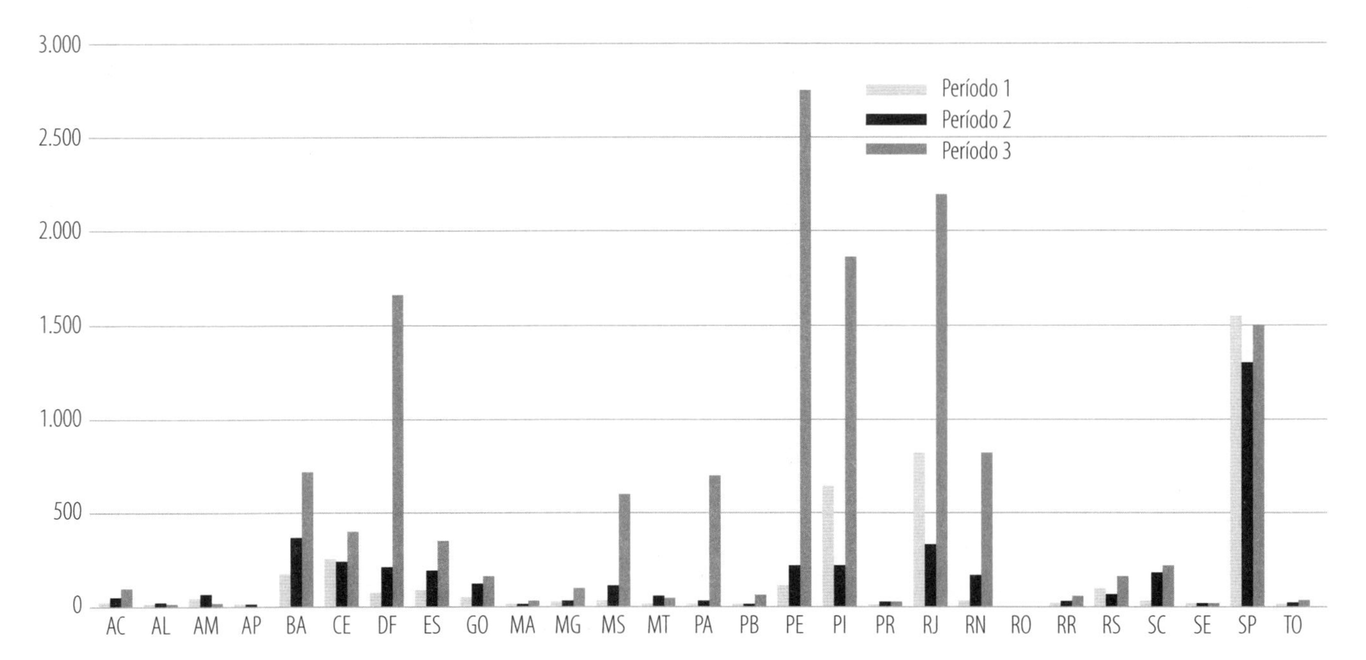

Gráfico 5 – Média de interações por posts dos governadores

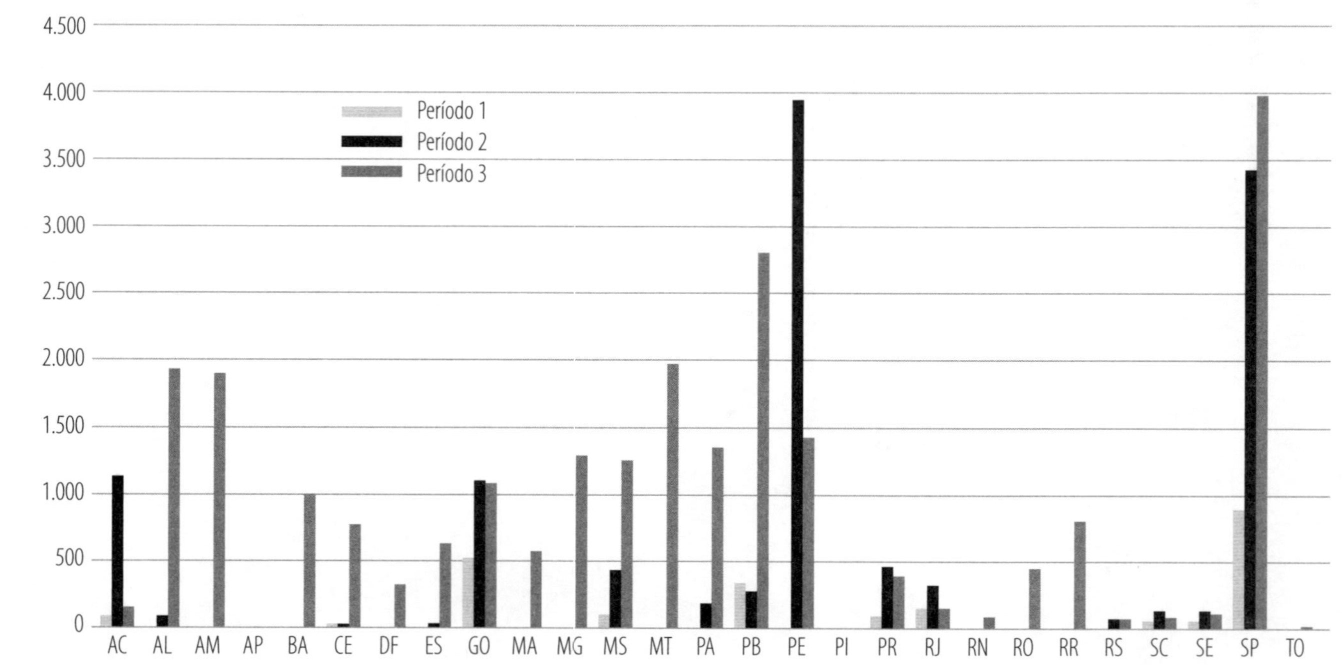

Diante dos três períodos analisados, o Gráfico 6 resume a evolução da média de interações por post, dos jornais e dos governadores.

Gráfico 6 – Evolução da média de interações por posts

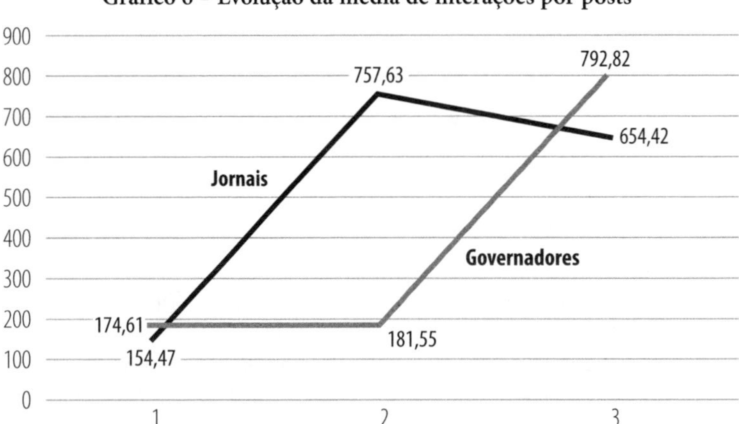

A Figura 27 mostra como se deu, nos jornais, o aumento dos posts e das interações por post – na rede social mais em uso e analisada naquele momento, o Facebook. Note-se que, entre o início de 2013 e o início de 2016, o volume de interações aumentou mais de 350%, ou mais de quatro vezes.

Figura 27 – Resumo da evolução da postagem no Facebook pelos jornais

Média diária de posts
(em absoluto)

6%

575,5
491,0
617,8
início de 2013
final de 2013
início de 2016

Média diária de interações por post
(em absoluto)

354%

174,6
181,6
792,8
início de 2013
final de 2013
início de 2016

Assim, a atividade digital dos jornais cresceu de forma significativa em três anos, em volume e mais significativamente na interação com o leitor. Tudo isso em meio a um enxugamento do número de profissionais nas redações.

Mas, proporcionalmente, o aumento da atividade foi maior entre o poder público. As manifestações de 2013 podem ter sido um catalisador.

Enquanto em 2013 apenas 16 entre os 27 governadores tinham atividade digital no Facebook, em 2016 esse número passou para 25. Na maioria, esse aumento ocorreu nas redes de novos governadores, eleitos em 2014. Veja a Figura 28.

Figura 28 – Resumo da média diária de posts segundo o estado e o governador

	Região Norte			
	Governador em 2013	**Início de 2013**	**Início de 2016**	**Governador em 2016**
AC	Tião Viana	3,99	4,10	Tião Viana
AM	Omar Aziz		0,05	José Melo
AP	Camilo Capiberibe			Waldez Góes
PA	Simão Jatene		0,20	Simão Jatene
RO	Confúcio Moura		0,92	Confúcio Moura
RR	José de Anchieta Júnior		0,52	Suely Campos
TO	Siqueira Campos		0,13	Marcelo Miranda

	Região Nordeste			
	Governador em 2013	**Início de 2013**	**Início de 2016**	**Governador em 2016**
AL	Teotônio Vilela Filho		1,67	Renan Filho
BA	Jacques Wagner		2,64	Rui Costa
CE	Cid Gomes	0,12	2,19	Camilo Santana
MA	Roseana Sarney		4,14	Flávio Dino
PB	Ricardo Coutinho	1,01	0,16	Ricardo Coutinho
PE	Eduardo Campos		0,60	Paulo Câmara
PI	Wilson Martins			Wellington Dias
RN	Rosalba Ciarlini		5,65	Robinson Faria
SE	Jackson Barreto	0,80	1,86	Jackson Barreto

Região Centro-Oeste				
	Governador em 2013	**Início de 2013**	**Início de 2016**	**Governador em 2016**
DF	Agnelo Queiroz		1,73	Rollemberg
GO	Marconi Perillo	0,41	1,75	Marconi Perillo
MS	André Puccinelli	5,29	0,93	Reinaldo Azambuja
MT	Silval Barbosa		1,38	Pedro Taques

Região Sudeste				
	Governador em 2013	**Início de 2013**	**Início de 2016**	**Governador em 2016**
ES	Renato Casagrande		0,58	Paulo Hartung
MG	Antonio Anastasia		0,48	Fernando Pimentel
RJ	Sérgio Cabral	4,23	0,13	Luiz Pezão
SP	Geraldo Alckmin	1,50	2,32	Geraldo Alckmin

Região Sul				
	Governador em 2013	**Início de 2013**	**Início de 2016**	**Governador em 2016**
PR	Beto Richa	2,08	2,73	Beto Richa
RS	Tarso Genro		4,67	José Ivo Sartori
SC	Raimundo Colombo	6,25	7,42	Raimundo Colombo

A Figura 29 mostra que, entre 2013 e 2016, a média diária de posts dos governadores cresceu 91%. Na Figura 27, vê-se que no mesmo período a média diária de posts dos jornais cresceu 6%.

Na média diária de interações por post, os governadores crescem 324% no mesmo período, cifra expressiva e substancialmente semelhante ao crescimento da média diária de interações por post dos jornais, que foi de 354% no mesmo período.

Figura 29 – Resumo da atividade digital (no Facebook) dos governadores

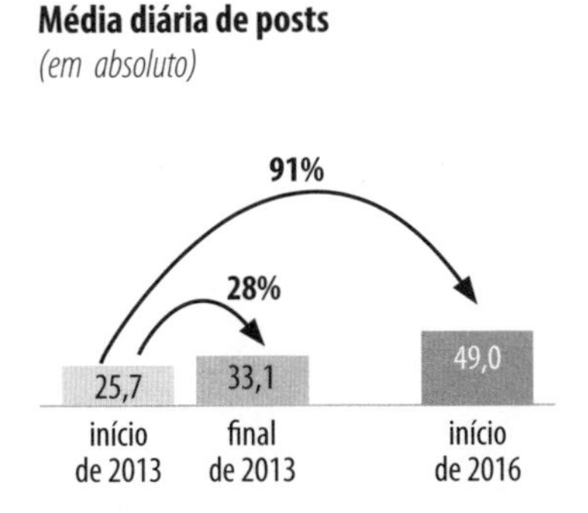

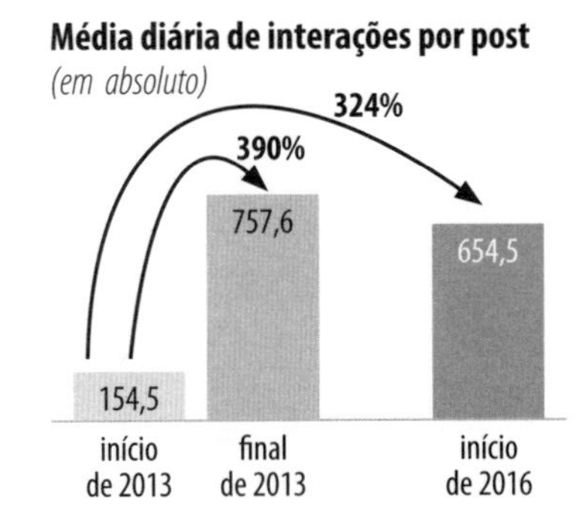

Epílogo: para onde vamos?

Mais do que produzir um alerta, Peter Micek, advogado e professor de políticas e governança de internet na School of International Public Affairs (Sipa) da Columbia University, foi profético quando afirmou, ainda em 2016, num café da universidade: "Se a fragmentação for total, as redes sociais vão dominar como distribuição". E adicionou: "Mas nas redes sociais todo mundo fala, porém ninguém escuta".[58]

O que vimos nas páginas anteriores foi um sinal do que vivenciaríamos anos depois, no momento em que se concluiu este trabalho: a crescente presença das redes sociais e da comunicação direta entre governantes e governados, simultaneamente ao recuo da força produtiva da imprensa, agora quantificado.

De fato, no período pesquisado os jornais impressos cortaram custos, diminuíram de tamanho em páginas e em profissionais. Em paralelo, aumentaram sua presença nas redes sociais e ampliaram significativamente a interação com o leitor. Mas, ao mesmo tempo, o poder público aumentou de forma significativa sua atividade digital, informando diretamente o cidadão/eleitor e interagindo com ele.

O momento em que começamos a convergir para o desfecho deste trabalho, ao longo de 2019, coincidiu com o período do mais intenso uso das redes sociais como instrumento de comunicação direta dos políticos com seus públicos, tanto de candidatos em campanhas eleitorais quanto de governantes já eleitos.

Retomando o que publicou a agência Volt Data Lab, especializada em métricas digitais, sobre o uso das redes sociais pelo presidente da República, "o Twitter de Jair Bolsonaro é praticamente um 'Diário Não Oficial' [ou oficioso, observação deste autor] do governo federal, um fórum informal utilizado pelo mandatário para anúncios relacionados ao governo".[18] Isso para ficar apenas no exemplo presidencial, sem citar parlamentares, governadores e prefeitos.

Como chegamos até aqui? E o que esse estado de coisas pode significar e para onde pode nos levar?

Essas indagações ecoam os primeiros esboços da pesquisa que originou este projeto. Na época, o foco de interesse residia primordialmente em mapear e dimensionar o enxugamento das redações dos jornais. Havia informações objetivas e, sobretudo, um sentimento geral de que as redações estavam diminuindo de tamanho, mas isso ainda não havia sido retratado de forma quantitativa e que cobrisse todo o território brasileiro. Registros vinham daqui e dali, mas faltava uma consolidação plena.

Nos Estados Unidos, o Pew Research Center acabara de atualizar o declínio do número de jornalistas alocados diretamente nas coberturas das assembleias legislativas estaduais.[21] A análise e a repercussão desse estudo do Pew foi um grande estímulo para que tentássemos construir, no Brasil, alguma métrica do enxugamento das redações de todo o país.

Como mostramos aqui, os jornais se viram ameaçados em seus modelos de negócio desde meados dos anos 1990. Nessa década, a participação do faturamento publicitário dos jornais no mercado total começou a despencar. E os desafios das transformações digitais (que pressionaram as redações a fazer muito mais tarefas com menos pessoas) ainda nem havia se configurado – a internet comercial se implantaria efetivamente apenas em 1995.

Durante o detalhamento deste projeto, surgiu a curiosidade de investigar que outra espécie de informação poderia estar ganhando espaço. Saliente-se que a oposição entre conteúdo jornalístico e as informações oficiais, oficiosas ou, como se diz, "chapa-branca" é uma dicotomia clássica no universo jornalístico. Faz parte da meritocracia jornalística a sensação, com uma ponta de orgulho, de que uma apuração extensa venha a desencadear a oferta de uma informação impactante, por vezes exclusiva e, ainda mais importante, à margem dos *press releases* governamentais.

Naquele período, os governos estaduais mal se iniciavam no uso do Facebook como plataforma de comunicação. Como vimos, em 2013, 17 dos 27 governadores não tinham atividade digital nenhuma. Em 2016, apenas dois governadores ainda não haviam se iniciado no mundo virtual.

Em síntese, as duas hipóteses deste trabalho eram:

1. as redações tradicionais diminuíram de tamanho por conta da crise do modelo de negócio e dos desafios da transformação digital;
2. com o recuo da produção das redações, a sociedade poderá ficar mais exposta às emissões "oficiais", ou oficiosas, de governantes por meio das redes sociais.

O objetivo de estruturar as hipóteses é sempre "fazer a ponte entre a teoria e os fatos de realidade, e, deste modo, conduzir à elaboração de uma estratégia de investigação ou desenho de pesquisa".[59]

SOBRE A HIPÓTESE 1

Meyer escreveu, ainda em 2007, que os jornais desapareceriam em 2043. Segundo o autor, o jornalismo está em apuros, pois o modelo de jornal que conquistou a opinião pública, que já ajudou a derrubar presidentes com reportagens investigativas consistentes, sofre a concorrência das novas mídias, mais ágeis e rápidas na publicação de notícias. Meyer lembra que, na era da informação, época em que qualquer tema pode ser encontrado facilmente na rede em dezenas, centenas, milhares de páginas, todos podem informar.[60]

Dornelles lembra que, em agosto de 2006,

> a revista britânica *The Economist* publicou polêmica reportagem de capa sob o título "Quem matou o jornal?". No texto, traçava os mais pessimistas prognósticos para os jornais impressos em todo o planeta, face ao crescimento do acesso às novas tecnologias. A reportagem anunciou: "De todos os 'velhos' meios de comunicação social, os jornais são os que mais têm a perder frente à internet".[61]

Se pode estar havendo enfraquecimento das redações tradicionais, ao mesmo tempo vê-se o surgimento de novos empreendimentos, muitos deles capitaneados pelos chamados "nativos digitais". Conseguirão eles compensar o enfraquecimento das redações tradicionais? Peter Micek tem dúvidas: "As 'blogging platforms' não vão suprir todo o espaço deixado pelo jornalismo. Mas complementam o ambiente", pondera ele.[58]

Ao se misturarem empreendimentos *legacy*, convertidos para o mundo digital, e os "nativos", já nascidos na era digital, as práticas de redações – ou, mais genericamente, dos "salões de produção de conteúdo" – vão também se transformando. Nessa passagem, pode haver riscos para o jornalismo como método?

A resposta talvez esteja, em alguma medida, na peregrinação que fez Michael Massing por várias das "novas redações" e que estão relatadas no ensaio "Digital journalism: how good is it?"[62], publicado no *The New York Review of Books*.

Massing vê nas novas iniciativas uma tendência a, com o tempo, se aproximar das fórmulas "clássicas", para que a empreitada arrecade mais reconhecimento e prestígio – e, consequentemente, repercussão, moeda forte na indústria da mídia.

"Esses sites, que parecem mesclar-se uns aos outros, raramente lançam furos de reportagem ou causam alguma algazarra", escreveu, referindo-se a The Huffington Post, Slate, Salon e The Daily Beast, todas iniciativas puramente digitais. "No meu *tour* pelos sites encontrei apenas um pioneiro que evoluiu com o tempo: Politico. Nos últimos anos, porém, o Politico cada vez mais se assemelha ao Post – no bom sentido. (O Politico até se mudou para o prédio que antes abrigou um jornal *legacy*, o *USA Today*.) Sobre o BuzzFeed, escreveu: "De um jeito ou de outro, o BuzzFeed precisa se tornar mais audacioso editorialmente. Caso contrário, continuará a ser conhecido pelas suas fotos de gatos fofos".[62]

Massing prossegue:

> Em termos de impacto, as redações tradicionais detêm um diferencial esmagador. É difícil pensar numa única reportagem online que tenha obtido repercussão comparável à da reportagem que Jane Mayer publicou na revista *The New Yorker* sobre os irmãos Koch, ou às reportagens reveladoras de Dana Priest no *The Washington Post* sobre o Hospital Walter Reed e os campos de rendição da CIA, ou as reportagens de Alan Schwarz no *The New York Times* sobre as contusões sofridas por jogadores de futebol americano, o tratamento dado pelo *The Guardian* para o escândalo dos grampos ou até a análise de Peter Binary [...] sobre o fracasso do *establishment* judaico americano. Até os vazamentos de Wikileaks e Snowden, baseados em informações digitais, saíram pela mídia impressa.[62]

Para o autor, há uma desproporção entre os recursos consumidos pelos empreendimentos nativos e a atenção que eles despertam e sua efetiva agregação de valor ao ambiente informativo:

> Quando se considera o volume de recursos que os sites mencionados consumiram, o grau de atenção que receberam e o número de pessoas que empregam, os resultados até o momento parecem decepcionantemente modestos, sobretudo quando comparados com alta e consistente qualidade do material produzido por instituições tradicionais como *The New York Times*, *The Washington Post* e *The Guardian*. Essas organizações são as

chamadas instituições *legacy*. [...] Entretanto, em termos da prática jornalística em si, as *startups* parecem ser as verdadeiras retardatárias.[62]

Dean Starkman vai além.

É preciso dizer que todos esses recém-chegados juntos não compensam as perdas sofridas pelos grandes jornais metropolitanos como *The Washington Post* e *The Los Angeles Times*, que dispensaram quase mil jornalistas e cortaram brutalmente a sua cobertura econômica. É a diferença entre um jornalismo feito de forma artesanal e outro feito em escala industrial.
Mas, mesmo admitindo o valor de novos *players* e a promessa de um futuro digital para o jornalismo, para que a reportagem responsável possa servir como estrela guia para o público no âmago da presente tempestade jornalística, como creio que deveria servir, ela se encontra ameaçada por duas forças poderosas que dominam o novo ecossistema. Uma delas é antiga: corporativismo, com a igualmente antiga aversão a dificuldades, a riscos, e à natureza subversiva da reportagem responsável. A outra é "nova", e vamos chamá-la de "digitismo", que almeja erradicar as formas tradicionais de jornalismo simplesmente porque os modelos digitais não têm como acomodá-las. Embora ambas sejam oriundas de tradições intelectuais distintas, elas têm se entrelaçado com uma precisão estranha para minar o que o noticiário tem de mais valioso.[14]

Bucci complementa, olhando método e ética:

Devemos ter em conta que, para o jornalista, a liberdade não figura simplesmente como um direito: a liberdade é um dever. Na sociedade democrática, a imprensa livre é um direito não do jornalista, mas dos cidadãos. Para que esse direito seja atendido, o profissional da imprensa deve ter consciência de que tem o dever de exercer a liberdade, expandindo diariamente suas fronteiras. A sociedade democrática não dá ao jornalista o direito de renunciar à liberdade.[63]

SOBRE A HIPÓTESE 2

Em "Bons de internet, bons de votos", Secco aponta que "alguns parlamentares já têm tantos fãs nas redes sociais quanto eleitores". E complementa: "Algumas mudanças no comportamento político são evidentes. Estamos vendo nascer uma geração de políticos que têm sua carreira associada à internet, são mais jovens e estão em todos os partidos".[64] Com a emergência dessa comunicação direta com a população, o que pode acontecer com a qualidade da informação a que a população estará exposta?

"É impossível ignorar as redes sociais em uma estratégia de marketing digital para políticos. Essas plataformas permitem uma interação rápida e eficiente entre o candidato e seus potenciais eleitores. Além disso, elas são um excelente canal para receber *feedbacks*, analisar adversários, fortalecer sua imagem e aumentar sua presença digital."[65] Isso é o que se lê na *home page* da NeritPolítica, agência de marketing digital que presta serviços para campanhas eleitorais – uma entre dezenas existentes no mercado.

Com a consecução do projeto de investigação proposto, a **hipótese 1** foi não somente validada, como era de esperar. Foi-se além: conseguiu-se o parâmetro dimensional pretendido. A pesquisa quantitativa revelou que 83% dos jornais afirmaram ter reduzido o número de profissionais – entre outras diminuições relevantes, como no número de páginas editadas e até no uso dos serviços noticiosos prestados por agências especializadas no fornecimento de conteúdo nos mais diversos assuntos. Lembremos que todas essas dimensões encontraram, neste trabalho, seu correspondente quantitativo, numérico.

Mas o que podem vir a significar esses recuos? Eles não são apenas possíveis passos firmes em direção aos "desertos de notícias". Trata-se também do potencial recuo de toda uma gama de processos, liturgias e métodos.

Uma redação (ou, como chamamos aqui, uma "plataforma estável de produção e edição") é um ambiente estruturado para *tratar* a informação e para cuidar permanentemente do *modo de tratar* a informação. Um repórter que se vai, com todo o seu treinamento e exposto a dado método de trabalho, o qual segue e para o qual trabalha, poderá ser compensado por um novo blogueiro ou *influencer* que surge no ecossistema informativo?

Pode ser que sim, há e certamente haverá novos e bons exemplos, mas neste trabalho ouvimos, colhemos e levantamos indagações em relação a isso. Como provocou Micek, blogues e redes "não vão suprir todo o espaço deixado pelo jornalismo".[58]

Assim, à luz do que vimos sobre os rituais que compõem o método jornalístico, o encolhimento da capacidade de apuração e edição de uma redação "clássica" pode vir a acarretar:

a. redução da capacidade de checar, o *fact-checking*, justamente quando essa habilidade se faz ainda mais necessária, exatamente pela proliferação de *fake news* via redes sociais: dois movimentos dramaticamente antagônicos do ponto de vista da qualidade do ambiente informativo;
b. encolhimento das horas dedicadas a treinamento, discussões internas, estudos de casos e aprimoramento do método de trabalho;
c. redução da alocação, por períodos maiores, de repórteres para reportagens que demandem mais fôlego e dedicação em termos de apuração, checagem e edição;
d. como consequente demanda das edições impressas (muito embora tenhamos visto que estas também sofreram redução no número de páginas) e também dos seus sites e aplicativos, *a redução da capacidade de produzir reportagens pode vir a ser compensada – como estratégia para manutenção ou até aumento do "espaço" e da oferta de conteúdo – pelo aumento do espaço dedicado à opinião.* Tal fenômeno pode contribuir ainda mais para a polarização, como sublinhou Prior. Para ele, a reação das mídias tradicionais às redes sociais não deixa de ser uma forma de tentar "concorrer" com as novas plataformas, batendo nas mesmas teclas.

Sobre a **hipótese 2**, há de se sublinhar que a escolha da rede social Facebook baseou-se no fato de esta ser, no período estudado, a rede em *moda* – no sentido estatístico. Nos dias de hoje, o uso mais frequente recai sobre o Twitter.

A investigação quantitativa flagrou a intensificação das redes sociais como ferramenta de uso governamental em seu prelúdio. Entre 2013 e 2016, o número médio diário de posts por governador cresceu 91%. No mesmo período, o número médio diário de posts dos jornais em cada estado aumentou apenas 6%. A interação por post dos governos mais que quadruplicou, tendo aumentado 324% – magnitude muito semelhante à intensificação da interação por post dos jornais, que subiu 354%.

Tal situação – o uso intenso a ponto de se tornarem verdadeiros diários não oficiais, ou oficiosos – não estava delineada quando iniciamos este projeto, sendo fascinante o fato de as hipóteses aqui estudadas soarem como premonitórias na época em que foram esboçadas e adotadas como início do trabalho de pesquisa.

Levitsky e Ziblatt, ao comentarem a ascensão, nos Estados Unidos, do então candidato Donald Trump, em 2015, destacaram que "o outro grande responsável por diminuir o poder dos guardiões tradicionais (a imprensa estabelecida) foi a explosão da mídia alternativa, sobretudo os noticiários de TV a cabo e as redes sociais".[66]

O momento do fechamento deste trabalho também coincidiu com um dos efeitos colaterais das redes sociais mais discutidos – a proliferação das *fake news*, termo pelo qual se popularizaram as notícias falsas e fraudulentas. Já no início de 2018 alertávamos, em artigo na revista on-line *Columbia Journalism Review*, que o cenário eleitoral brasileiro seria invadido pelas *fake news* e que estas dominariam o debate no âmbito do pleito, especificamente na arena política.[67]

De fato, a hipótese de que as redes sociais poderiam invadir o ambiente informativo ainda não estava clara até 2015, ano em que começamos a delinear este projeto. A própria expressão *fake news* era novidade. Levantamento no acervo do jornal *O Estado de S. Paulo* revela que o conceito de notícias falsas e o termo *fake news* foram mencionados pela primeira vez em 21 de dezembro de 2015, pela colunista Lúcia Guimarães.[68]

O ano de 2016 viria a ser marcado pela primeira safra de *fake news*, conforme também apontaram, em dezembro daquele ano, Bucay e colaboradores na *Columbia Journalism Review*[23]. A revista comentava o discurso feito pelo diretor-geral do jornal *The New York Times*, Mark Thomson, para quem, "seja por razões culturais ou sociais, nosso ecossistema digital parece ter evoluído para o ambiente perfeito para as notícias falsas".[69]

A imprensa reduz sua capacidade (aqui entendida no sentido mais *industrial*, de capacidade produtiva mesmo, de força de trabalho) e o seu poder de informar e mediar. Governantes intensificam sua comunicação direta com seus públicos por meio das redes sociais.

Jornalismo em retração, poder em expansão.

Não se trata apenas de mera inversão de papéis, mas de uma perda de terreno da imprensa no seu papel de mediadora e organizadora do ambiente informativo. Terreno cedido à conexão direta entre a fonte (no caso, os governos) e os interessados (os cidadãos, público em geral). No final de 2018, artigo no Correio Braziliense apontou:

> Sem mediações. As redes sociais criaram uma nova forma de entender e discutir política. É notória a interação existente entre os políticos e os seguidores nas mídias. Uma das ferramentas mais utilizadas durante a corrida eleitoral foi o Twitter. Nomes como o presidente eleito, Jair Bolsonaro, o ex-Presidente do Supremo Tribunal Federal, Joaquim Barbosa, e os ex-presidentes do Brasil Fernando Henrique Cardoso e Dilma Rousseff utilizam a ferramenta para fazer declarações não oficiais e firmar posicionamentos.[70]

Para o sociólogo Marco Aurélio Ruediger, diretor de Análise de Políticas Públicas na Fundação Getúlio Vargas (FGV), "as redes sociais se tornaram o 'quinto poder'. O impacto das redes sociais no cotidiano político do país vem crescendo e atingiu um pico nas eleições passadas. [...] Trata-se de um quinto elemento, que exerce uma pressão constante, para além das três esferas de poder e da imprensa"[71].

Além de acelerarem o uso ostensivo das redes sociais como forma de comunicação direta, os governantes brasileiros passaram, ao mesmo tempo, a atacar a imprensa estabelecida quando da publicação de reportagens incômodas a eles, aparentemente uma tática para provocar o descrédito em relação às informações (incômodas) publicadas. Chamamos a atenção para o fenômeno em artigo na *Folha de S.Paulo* em abril de 2018: "Dos que governam ou governaram seria de se esperar que também contribuíssem para a complexa construção do debate amplo".[72]

O possível enfraquecimento da capacidade da imprensa em seu papel de mediar a arena informativa pode alterar profundamente o equilíbrio de forças na definição da agenda pública. Há um deslocamento de poder. Menos poder para a mediação da imprensa, mais poder para a conexão direta governo-público. "Se há um setor no qual a transformação do poder está acontecendo diariamente, em todas as partes e diante dos nossos próprios olhos, é o dos meios de comunicação social", escreveu Moisés Naím. "Em poucos setores o poder mudou de forma tão drástica e rápida quanto no da informação e das comunicações".[73]

Em meio ao ambiente fragmentado, a imprensa reduz sua capacidade de influenciar a construção da agenda pública comum. O que será da sociedade democrática com o enfraquecimento da imprensa em seu papel de mediação? "Em 2014 ou 2015, o senso comum sobre as mídias sociais era predominantemente positivo. Desde então, essa percepção virou de cabeça para baixo", escreveu Yascha Mounk em *O povo contra a democracia*[74].

Mounk cita Farhad Manjoo, que dias após a eleição americana, em novembro de 2018, escreveu no jornal *The New York Times*: "Está na hora de começar a reconhecer que as mídias sociais estão na verdade se tornando as forças de sublevação que seus entusiastas há muito prometeram que seriam – e de ficarmos apreensivos, mais do que extasiados, com as gigantescas mudanças sociais que podem desencadear".[74]

Mounk insiste que Manjoo tem razão: "O potencial negativo das mídias sociais é uma realidade concreta". Mas ele faz o necessário contraponto: "Com o surgimento das mídias sociais [...] a oposição democrática nos países autoritários hoje tem mais ferramentas para derrubar um ditador plantado no poder". Porém, complementa: "[...] por conta disso, também os disseminadores do ódio encontram muito mais facilidade para solapar as democracias liberais".[74]

Na esteira do raciocínio de Mounk, poderíamos indagar: sai a mediação da imprensa estabelecida (com todas as suas falibilidades e mazelas naturais), entra o populismo digital? Seria esse enfraquecimento da imprensa um sinal de um preocupante processo de *desinstitucionalização*, antessala para um enfraquecimento da democracia?

Starkman vê no jornalismo um papel importante como instituição.

> Se queremos jornalismo responsável, temos que preservar o lado institucional do jornalismo. As instituições, embora imperfeitas, têm provado ao longo de mais de um século que são, e continuam sendo, os melhores e mais potentes canais para reportagens responsáveis. Elas fornecem o apoio, a expertise, a infraestrutura, o capital simbólico e, ainda, o público massivo que são os ingredientes do jornalismo no auge do seu poder.[14]

Mesmo imperfeitos, instituições e poderes estabelecidos são fundamentais para o funcionamento de uma democracia. Como observaram Levitsky e Ziblatt, "quando a democracia norte-

-americana funcionou, ela se baseou em duas normas [...]: tolerância mútua e reserva institucional".[66]

O jornalismo, com seu método, tem o poder de exercer o papel de mediador, um papel institucional. A narrativa jornalística contribui para organizar o lócus conteudístico, separando o que é informação, análise e opinião, e apoiando a educação midiática.

A inversão de papéis entre imprensa e redes sociais, usadas diretamente pelos governantes, em campanhas ou na busca da manutenção do poder, aumenta a intolerância e a polarização. "A democracia requer que as pessoas com diferentes crenças e visões políticas possam conviver e dialogar em outras esferas da vida, apesar das diferenças. Quando os níveis de polarização são muito altos, a democracia está em perigo", observou Levitsky em entrevista[75].

Este trabalho flagra e quantifica em seus primórdios o avanço intensivo da comunicação direta dos governantes nas redes sociais. Junto do executivo, do legislativo e do judiciário, a imprensa se consagrou ao longo do século 20 com o rótulo, talvez arrogante, de "quarto poder". Mas ela deve achar o caminho para, aprimorando o seu método, manter seu papel institucional, essencial para a democracia.

Nessa perspectiva, vemos como reflexões importantes:

No ensino e na pesquisa – com o enxugamento das redações, de seus processos e de seus rituais de manutenção da *prática*, a academia terá reforçado o seu papel de desenvolvedora e de repositório dos conceitos jornalísticos. Currículos e tópicos em sala de aula podem ser atualizados e ampliados para acolher novos atores e praticantes do ecossistema. Seria o caso dos blogueiros e alguns *influencers* – por que não convertê-los ou pelo menos dotá-los minimamente do método jornalístico?

No Brasil, há ainda muito que produzir em termos de estudos empíricos e de bibliografia para as áreas de jornalismo e das ciências da comunicação. É vital mitigar a sensação de rarefação, citada neste trabalho, em termos de estudos e pesquisas nesses campos.

Nas empresas jornalísticas e suas redações – compelidas a racionalizar seus custos – um imperativo incontornável, visto ser a independência financeira um pré-requisito para a independência editorial –, há de se manter um mínimo de horas de dedicação, em meio às atividades do dia a dia, para discutir e aprimorar a prática e o método.

É essencial a incorporação de técnicas de checagem e do jornalismo de dados como forma de combater as notícias fraudulentas e falsas. Uma frente de abordagem ainda incipiente é a que envolve o uso das redes sociais como vetor de aprimoramento e de disseminação das boas práticas jornalísticas. Usar as redes sociais para orientar e educar o público – verificando e principalmente explicando do que trata e do que se ocupa o jornalismo.

Um arcabouço legal e tributário que viabilizasse a doação de pessoas físicas e jurídicas para empreendimentos jornalísticos, baseados no conceito de organizações não governamentais, institutos e fundações seria bem-vindo para compensar o enxugamento das redações ligadas a empreendimentos 100% privados.

Políticos em campanha e governantes eleitos – é provável que, passada uma fase inicial de deslumbramento com o uso e sobretudo com a potencialidade das redes sociais, a situação se estabilize em bases mais ponderadas e menos polarizadas. Isso, claro, até que uma próxima grande novidade se introduza. Mesmo assim, seria de bom tom que mandatários desviassem a atenção do uso das redes sociais apenas e tão somente como um canal de reforço do contato com suas bases eleitorais e, em última análise, como instrumento de manutenção de um projeto de poder, para fazer valer o seu papel de encaminhar discussões e propostas no sentido do aprimoramento do espaço público para o livre debate de ideias. Usar as contas oficiais nas redes sociais para aumentar a transparência, divulgando aí toda e qualquer informação de interesse público. Ponto difícil e sensível, a ser enfrentado tendo como pano de fundo a plena liberdade de expressão, valor intocável.

No campo da educação, há muito que fazer em orientação midiática. Resgatar o padrão de organização dos conteúdos - basicamente, a distinção entre informação, análise e opinião - seria um bom começo, por meio de disciplinas enxertadas nas bases curriculares nacionais. Estas poderiam "ensinar a ler" - ou seja, a interpretar e entender uma reportagem, um artigo, um editorial e até uma imagem.

É preciso manter a força e a robustez do jornalismo - seu método, seus ritos, seus profissionais - num ambiente em que essa atividade multidisciplinar permaneça como instituição essencial para a democracia.

Notas e referências

1. John, R. R. "The enlightenment and positive incentives and ideas for the circulation of information in republican societies". 17 mar. 2016. Notas de aula na disciplina Journalism and Public Life – Graduate School of Journalism, Columbia Journalism School, Nova York.
2. Burke, P. "A velocidade dos ciclos de transformação ao longo da história da mídia". Entrevista concedida a Ricardo Gandour. *O Estado de S. Paulo*, 15 maio 2016.
3. Bucci, E. "Em torno da instância da imagem ao vivo". *Matrizes*, v. 3, n. 1, São Paulo, 2009, p. 65-79.
4. Traquina, C. *Estudo do jornalismo no século XX*. Porto Alegre: Ed. Unisinos, 2001.
5. Pena, F. *A teoria do jornalismo no Brasil após 1950*. São Paulo: Contexto, 2005.
6. Bourdieu, P. "O campo científico". In: Ortiz, R. (org.). *Pierre Bourdieu: sociologia*. São Paulo: Ática, 1983, p. 122-55.
7. Lopes, M. I. V. "Sobre o estatuto disciplinar do campo da comunicação". In: *Epistemologia da comunicação*. São Paulo: Loyola, 2003, p. 277-93.
8. Lopes, M. I. V. "Modelo metodológico: os níveis da pesquisa". In: *Pesquisa em Comunicação*. 12. ed. São Paulo: Loyola, 2014, p. 119-23.
9. Gandour, R. "Journalism and democracy facing common risks and challenges". *Journal of Applied Journalism & Media Studies*, v. 5, n. 1, 2016, p. 71-77.
10. Blodget, H. "Sucks to be a newspaper". *Business Insider*, 11 out. 2013. Disponível em: <https://www.businessinsider.com/newspaper-ad-spending-2013-10>. Acesso em: 14 fev. 2020.
11. Sant'Anna, L. *O destino do jornal*. Rio de Janeiro: Record, 2008.

12. "Entidades interrompem Projeto Inter-Meios". *Meio & Mensagem*, 4 ago. 2015. Disponível em: <https://www.meioemensagem.com.br/home/midia/2015/08/04/entidades-interrompem-projeto-inter-meios.html>. Acesso em: 24 abr. 2019.

13. Raspanti, M. P. "O baile da Ilha Fiscal: o melancólico fim de uma época". História Hoje, 9 nov. 2014. Disponível em: <https://historiahoje.com/o-baile-da-ilha-fiscal-o-melancolico-fim-de-uma-epoca/>. Acesso em: 22 fev. 2020.

14. Starkman, D. *The watchdog that didn't bark: the financial crisis and the disappearance of investigative reporting*. Nova York: Columbia University Press, 2014.

15. Linares, C. L. "Isoj 2017: jornais metropolitanos adaptam redações, equipamento e filosofias para consolidar transformação para o digital". Austin: The Knight Center for Journalism at the University of Texas, 2017. Disponível em: <https://knightcenter.utexas.edu/pt-br/blog/00-18297-isoj-2017-jornais-metropolitanos-adaptam-redacoes--equipamento-e-filosofias-para-consol>. Acesso em: 24 fev. 2020.

16. Estevanim, M. *Processos no jornalismo digital: do big data à visualização de dados*. Dissertação (mestrado em Ciências da Comunicação), Universidade de São Paulo, São Paulo (SP), 2016.

17. Kurtz, J. "Facebook domina ranking de redes sociais mais usadas no mundo". Techtudo, 30 jul. 2017. Disponível em: <https://www.techtudo.com.br/noticias/2017/07/facebook-domina-ranking-de-redes-sociais--mais-usadas-no-mundo.ghtml>. Acesso em: 24 fev. 2020.

18. Spagnuolo, S. "Proximidade temporal entre tweets de Jair Bolsonaro e Carlos Bolsonaro". *The Intercept Brasil*, 23 fev. 2019. Disponível em: <https://voltdatalab.github.io/tweets-bolsonaro-timing/analise_bolsos.html>. Acesso em: 24 fev. 2020.

19. Machado, E. "Dos estudos sobre o jornalismo às teorias do jornalismo". *E-Compós*, Brasília, v. 1, 2004, p. 1-15. Disponível em: <http://www.e--compos.org.br/e-compos/article/view/2>. Acesso em: 24 fev. 2020.

20. Pew Research Center. "The new Washington press corps: as mainstream media decline, niche and foreign outlets grow". *Pew Research Center*, 16 jul. 2009. Disponível em: <http://www.journalism.org/2009/07/16/new-washington-press-corps/>. Acesso em: 24 fev. 2018.

21. Pew Research Center. "Newspaper statehouse reporters decline". *Pew Research Center*, 9 jul. 2014. Disponível em: <https://www.journalism.

org/2014/07/10/americas-shifting-statehouse-press/pj-2014-07-10-statehouse-02/>. Acesso em: 22 fev. 2019.

22. Pew Research Center. "How news happens: a study of the news ecosystem of one American city". *Pew Research Center*, 11 jan. 2010. Disponível em: <http://www.journalism.org/2010/01/11/how-news-happens>. Acesso em: 22 fev. 2010.

23. Bucay, Y. *et al.* "America's growing news deserts". *Columbia Journalism Review*, 2017. Disponível em: <https://www.cjr.org/local_news/american-news-deserts-donuts-local.php>. Acesso em: 22 fev. 2020.

24. Instituto para o Desenvolvimento do Jornalismo – Projor. *Atlas da notícia*. São Paulo: Projor, 2018. Disponível em: <https://www.atlas.jor.br/graficos/atlas_relatorio_v2.pdf>. Acesso em: 22 fev. 2020.

25. Bucci, E. "Fabricação de valor no imaginário: uma crítica da comunicação". Notas de aula na disciplina CJE-5987 – Escola de Comunicações da Universidade de São Paulo, 18 out. 2017.

26. Schudson, M. "News in crisis in the United States: panic – and beyond". In: Levy, D.; Nielsen, R. K. (orgs.). *The changing business of journalism and its implications for democracy*. Oxford: Reuters Institute for the Study of Journalism, 2010, p. 95-106.

27. Shirky, C. "Publish, then filter". In: *Here comes everybody: the power of organizing without organizations*. Nova York: Penguin, 2008, p. 81-108.

28. Habermas, J. *Mudança estrutural da esfera pública*. São Paulo: Ed. Unesp, 2011.

29. Gandour, R. "Um novo ecossistema informativo: como a fragmentação digital está moldando a forma pela qual produzimos a consumimos notícias". Austin: Knight Center for Journalism in the Americas, 2016. Disponível em: <https://knightcenter.utexas.edu/books/NewInfoEnvironmentPortugueseLink.pdf>. Acesso em: 24 fev. 2020.

30. Tewksbury, D.; Rittenberg, J. "Fragmentation and polarization of the audience". In: *News on the internet: information and citizenship in the 21st century*. Nova York: Oxford University Press, 2012, p. 119-43.

31. Boczkowski, P. J.; Mitchelstein, E. *The news gap: when the information preferences of the media and the public diverge*. Cambridge: MIT Press, 2013.

32. Mutz, D. "Hearing the other side, in theory and in practice". In: *Hearing the other side: deliberative versus participatory democracy*. Cambridge: Cambridge University Press, 2006, p. 1-17.

33. Shapiro, R. Y. "Hearing the opposition: it starts at the top". *Critical Review*, v. 25, 2013, p. 226-44. Disponível em: <https://www.tandfonline.com/doi/abs/10.1080/08913811.2013.843876>. Acesso em: 22 fev. 2020.

34. Houaiss, A. *Dicionário Houaiss da língua portuguesa*. Rio de Janeiro: Objetiva, 2009, p. 1515.

35. Prior, M. "Media and political polarization". *Annual Review of Political Science*, v. 16, 2013, p. 101-27. Disponível em: <https://www.annualreviews.org/doi/abs/10.1146/annurev-polisci-100711-135242>. Acesso em: 22 fev. 2020.

36. Mullin, B. "Read Carl Bernstein and Bob Woodward's remarks to the White House Correspondents' Association. Petersburg: The Poynter Institute, 2017. Disponível em: <https://www.poynter.org/news/read-carl-bernstein-and-bob-woodwards-remarks-white-house-correspondents-association>. Acesso em: 22 fev. 2020.

37. Folkerts, J.; Hamilton, J. M.; Lemman, N. *Educating journalists: a new plea for the university tradition*. Nova York: Columbia Journalism School, 2013.

38. Medina, C. de A. *Entrevista: o diálogo possível*. 5. ed. São Paulo: Ática, 2008.

39. Branch, J. "Snowfall – The avalanche at Tunnel Creek". *The New York Times*, dez. 2012. Disponível em: <http://www.nytimes.com/projects/2012/snow-fall/index.html#/?part=tunnel-creek>. Acesso em: 19 fev. 2020.

40. Higuera, S. "A narrativa multimedia". Austin: The Knight Center for Journalism at the University of Texas, 2013.

41. Briggs, A.; Burke, P. *Uma história social da mídia de Gutenberg à internet*. Rio de Janeiro: Jorge Zahar, 2004.

42. Schneider, H. "Está havendo um enfraquecimento na *media literacy* da sociedade? Isto pode ser intensificado pela transformação digital?" Nova York, 5 mar. 2017. Entrevista concedida a Ricardo Gandour.

43. Santos, J. A. *News literacy: uma ferramenta de combate à desordem informacional*. Dissertação (mestrado profissional em Produção Jornalística e Mercado), Escola Superior de Propaganda e Marketing, São Paulo (SP), 2019.

44. Silva, R. S. *Diagramação: o planejamento visual gráfico na comunicação impressa*. São Paulo: Summus, 1985.

45. Poynter Institute. "Eyetracking the news. A study of print and online reading". 2007. Disponível em: <https://manuscritdepot.com/internet-

-litteraire/document-pdf.01/infopresse/avenir-imprime/sara_quinn.pdf>. Acesso em: 21 fev. 2020.

46. Silveira, L. H. Y. *Modelo de caracterização de infográficos – Uma proposta para análise e aplicação jornalística*. Dissertação (mestrado em Ciências da Comunicação), Universidade de São Paulo, São Paulo (SP), 2010.
47. Garcia, M. R. *Eyes on the news*. Tampa: Poynter Institute for Media Studies, 2008.
48. Sato, S. N. *A infografia na divulgação científica: um estudo de caso da Revista Pesquisa Fapesp*. Dissertação (mestrado em Ciências da Comunicação), Escola de Comunicação e Artes, Universidade de São Paulo, São Paulo (SP), 2017.
49. Gianella, J. R. *Dispositivos infovis: interfaces entre visualização da informação, infografia e interatividade em sítios jornalísticos*. Dissertação (mestrado em Ciências da Comunicação), Escola de Comunicação e Artes, Universidade de São Paulo, São Paulo (SP), 2017.
50. Dervin, B. "Chaos, order, and sense-making: a proposed theory for information design". In: Jacobson, R. (org.). *Information design*. Cambridge: MIT Press, 1999.
51. Morris, C. W. *Fundamentos da teoria dos signos*. São Paulo: Eldorado Tijuca; Edusp, 1976.
52. Boczkowski, P. J.; Mitchelstein, E. "The divergence in the content choices of journalists and consumers". In: *The news gap: when the information preferences of the media and the public diverge*. Cambridge: MIT Press, 2013, p. 47-60.
53. Athey, S.; Mobius, M. *The impact of news aggregators on internet news consumption: the case of localization*. Washington: TAP, 2012.
54. Fraga, I. "Brazilian newspapers leave Google News en masse". Austin: Knight Center for Journalism in the Americas, 2012. Disponível em: <https://knightcenter.utexas.edu/blog/00-11803-brazilian-newspapers-leave-google-news-en-masse>. Acesso em: 25 fev. 2020.
55. Athey, S. "Sobre notícias e agregadores". Nova York, Columbia University, 10 abr. 2016. Entrevista concedida a Ricardo Gandour.
56. Portal Imprensa. "'Zero Hora' deixa de circular aos domingos e lança "superedição" de fim de semana. São Paulo: Portal Imprensa, 2016. Disponível em: <http://portalimprensa.com.br/noticias/brasil/75927/zero+hora+deixa+de+circular+aos+domingos+e+lanca+superedicao+de+fim+de+semana>. Acesso em: 26 fev. 2020.

57. Cruz, R. "Por que a gazeta do povo decidiu trocar o papel pelo digital". São Paulo, Inova.jor – Desafios da Inovação, 26 maio 2017. Disponível em: <https://www.inova.jor.br/2017/05/26/gazeta-do-povo-papel-digital/>. Acesso em: 26 fev. 2020.

58. Micek, P. "Irão os nativos digitais compensar o enxugamento das redações tradicionais?" Columbia, 15 fev. 2016. Entrevista concedida a Ricardo Gandour.

59. Lopes, M. I. V. "Pesquisa de comunicação: questões epistemológicas, teóricas e metodológicas". *Revista Brasileira de Ciências da Comunicação*, v. 27, n. 1, 2004, p. 15-38.

60. Meyer, P. *Os jornais podem desaparecer? Como salvar o jornalismo na era da informação*. São Paulo: Contexto, 2007, p. 37.

61. Dornelles, B. "O futuro do jornal". *Revista FAMECOS*, v. 40, 2009, p. 63-67. Disponível em: <http://revistaseletronicas.pucrs.br/ojs/index.php/revistafamecos/article/viewFile/6319/4594>. Acesso em: 26 fev. 2020.

62. Massing, M. "Digital journalism: how good is it?" *The New York Review of Books*, v. 62, n. 10, jun. 2015, p. 14-15. Disponível em: <http://www.nybooks.com/articles/2015/06/04/digital-journalism-how-good-is-it/>. Acesso em: 26 fev. 2020.

63. Bucci, E. "Uma escola de jornalismo para o futuro". In: *Para ensinar é preciso definir a profissão*. São Paulo: Instituto de Altos Estudos em Jornalismo; Referência, 2015.

64. Secco, A. "Bons de internet, bons de voto". In: Associação Brasileira dos Agentes Digitais. *Político 2.0: deputados federais e senadores*. São Paulo: Associação Brasileira dos Agentes Digitais, 2014. Disponível em: <https://abradi.com.br/wp-content/uploads/2015/05/Mdialogue-Mapa-dos-Poder-Politico-2014.pdf>. Acesso em: 26 fev. 2020.

65. Elom, S. "Redes sociais para políticos: tendências para 2019". Belo Horizonte, NeritPolítica, 2019. Disponível em: <https://neritpolitica.com.br/blog/redes-sociais-politicos-tendencias>. Acesso em: 26 fev. 2020.

66. Levitsky, S.; Ziblatt, D. *Como as democracias morrem*. Rio de Janeiro: Zahar, 2018.

67. Gandour, R. "Com as eleições chegando, Brasil se prepara para as fake news". *Columbia Journalism Review*, 25 abr. 2018. Disponível em: <https://www.cjr.org/analysis/brazil-fake-news.php>. Acesso em: 26 fev. 2020.

68. Guimarães, L. "F de falso". *O Estado de S. Paulo*, 21 dez. 2015, p. 42.

69. Uberti, D. "The real history of fake news". *Columbia Journalism Review*, Nova York, 15 dez. 2016. Disponível em: <https://www.cjr.org/special_report/fake_news_history.php>. Acesso em: 26 fev. 2020.

70. Mariz, K. "Twitter se torna o novo porta-voz utilizado pelos políticos". *Correio Braziliense*, 12 fev. 2018. Disponível em: <https://www.correiobraziliense.com.br/app/noticia/politica/2018/11/12/interna_politica,718931/twitter-se-torna-o-novo-porta-voz-utilizado-pelos-politicos.shtml>. Acesso em: 26 fev. 2020.

71. Barrucho, L. "Redes sociais se tornaram o quinto poder no Brasil". Época Negócios, São Paulo, 4 mar. 2019. Disponível em: <https://epocanegocios.globo.com/Brasil/noticia/2019/03/redes-sociais-se-tornaram-o-quinto-poder-no-brasil-diz-especialista.html>. Acesso em: 26 fev. 2020.

72. Gandour, R. "Pau na imprensa, tiros na democracia". *Folha de S.Paulo*, 9 abr. 2018, p. A-3. Disponível em: <https://www1.folha.uol.com.br/opiniao/2018/04/ricardo-gandour-pau-na-imprensa-tiros-na-democracia.shtml>. Acesso em: 26 fev. 2020.

73. Naím, M. *O fim do poder*. São Paulo: Leya, 2013.

74. Mounk, Y. *O povo contra a democracia*. São Paulo: Companhia das Letras, 2018.

75. Levitsky, S. "Por que a democracia está em crise?" *O Estado de S. Paulo*, 13 maio 2019, p. A-10. Disponível em: <https://www.em.com.br/app/noticia/politica/2019/05/13/interna_politica,1053274/por-que-a-democracia-esta-em-crise.shtml>. Acesso em: 26 fev. 2020.

Leitura complementar

Baron, M. "Como a transformação digital está afetando as rotinas das redações e a qualidade do ambiente informativo". Washington, 14 mar. 2016. Entrevista concedida a Ricardo Gandour.

Bourdieu, P.; Chamboredon, J.; Passeron, J. "Introdução: epistemologia e metodologia". In: *Ofício de sociólogo: metodologia da pesquisa na sociologia*. Petrópolis: Vozes, 1999a, p. 9-22.

______. "Conclusão: sociologia do conhecimento e epistemologia". In: *Ofício de sociólogo: metodologia da pesquisa na sociologia*. Petrópolis: Vozes, 1999b, p. 87-97.

Buckland, M. K. "Information as thing". *Journal of the American Society for Information Science*, v. 45, n. 5, 1991, p. 351-60.

Castells, M. "As novas realidades da informação". *Valor Econômico*, 15 dez. 2017.

Folha de S.Paulo. "Editores debatem mudanças nas redações". *Folha de S.Paulo*, 29 jun. 2018. Disponível em: <https://www1.folha.uol.com.br/poder/2018/06/editores-debatem-mudancas-nas-redacoes-brasileiras.shtml?loggedpaywall>. Acesso em: 26 fev. 2020.

Friedman, T. *The world is flat: a brief history of the twenty-first century*. Nova York: MacMillan, 2005, p. 18-37.

Habermas, J. *Teoría de la acción comunicativa: racionalidad de la acción y racionalización social*. Madri: Taurus, 1987.

Lippmann, W. "The nature of news". In: *Public opinion*. Nova York: Feather Trail, 1921, p. 193-99.

Lopes, M. I. V. "Modelo metodológico: as fases da pesquisa". In: *Pesquisa em Comunicação*. 12. ed. São Paulo: Loyola, 2014a, p. 142-48.

______. "Modelo metodológico: os níveis da pesquisa". In: *Pesquisa em Comunicação*. 12. ed. São Paulo: Loyola, 2014b, p. 119-23.

RIBEIRO, I. "Mercado cresce 1,5% em 2014". *Meio & Mensagem*, 2015. Disponível em: <https://www.meioemensagem.com.br/home/midia/2015/04/27/mercado-cresce-1-5-porcento-em-2014.html>. Acesso em: 27 abr. 2019.

SCOLARI, C. *Hipermediaciones. Elementos para una teoría de la comunicación digital interactiva.* Barcelona: Gedisa, 2008, p. 29-118.

TEWKSBURY, D.; RITTENBERG, J. "Fragmentation and polarization of the audience". In: *News on the internet: information and citizenship in the 21st century*. Nova York: Oxford University Press, 2012, p. 119-43.

THIOLLENT, M. "Definição das técnicas de pesquisa". In: *Crítica metodológica, investigação social e enquete operária*. São Paulo: Polis, 1980, p. 31-39.

Agradecimentos

O TRABALHO QUE TIVE a oportunidade de desenvolver no primeiro semestre de 2016 na Escola de Jornalismo da Universidade de Columbia (Nova York, EUA) não teria acontecido sem o estímulo inicial de Lee Bollinger, presidente daquela instituição, que ainda em 2013 me incentivou a levar adiante os estudos em torno da fragmentação digital. Fundamental foi a posterior acolhida de Sheila Coronel. Ernest Sotomayor não só me apoiou generosamente como organizou minha estada como pesquisador visitante, propiciando-me excelente condição de trabalho. A ele, meus especiais agradecimentos. LynNell Hancock me apresentou a pesquisadores e professores. Entre estes, sou especialmente grato a Michael Schudson, Ava Seave e Bill Grueskin, com suas aulas inspiradoras, e a Anya Schiffrin, pelo entusiasmo formidável e suas rodas de conversa. Emily Bell e Claire Wardle, obrigado pelo incentivo e por terem me convidado para o grupo "Plataformas e Publishers". Steve Coll, obrigado pelas portas abertas.

David Klatell era animado com os assuntos que propus e com ele compartilhei drinques e papos saborosos. Deixou-nos subitamente no verão daquele ano.

Desde o início do projeto Eugênio Bucci foi um parceiro constante na abordagem acadêmica, agregando ânimo e perspectivas. Junto com ele, Bernardo Sorj, Carlos Eduardo Lins da Silva e Sergio Fausto aportaram ideias logo no início. A eles se juntou Caio Tulio Costa, que ainda me deu boas dicas sobre a escola na qual já estivera em condição semelhante. José Álvaro Moisés foi grande incentivador logo no início do trabalho.

A relevância da pesquisa quantitativa se deve à dedicação generosa de Karla Mendes (da Quantas Pesquisas de Mercado) e de Sergio Baratojo (da Best Forecast). No trabalho nas redes sociais, sou grato a Manoel Fernandes e Erika Dias (da Bites Consultoria). A Carlos Fernando "Café" Lindenberg Neto (então presidente) e Ricardo Pedreira, diretor executivo da Associação Nacional de Jornais (ANJ), muito obrigado.

Agradeço aos diretores de redação e editores-chefes, colegas dos jornais de todos os cantos do Brasil, que pacientemente responderam aos questionários da pesquisa. Sou especialmente grato a Francisco Mesquita Neto, do Grupo Estado, pelo incentivo e apoio.

Na Universidade Columbia, tive uma bolsa da Fundação Lemann. Agradeço de forma especial o ânimo e a inspiração de Jorge Paulo Lemann e de Denis Mizne. A José Roberto Whitaker Penteado, então presidente da Escola de Negócios e Comunicação ESPM, obrigado pelo apoio.

De volta ao Brasil, continuei e expandi o trabalho no Programa de Mestrado em Ciências da Comunicação da Escola de Comunicações e Artes da Universidade de São Paulo (ECA-USP), com a orientação de Eugênio Bucci. Foi essencial a convivência com Maria Immacolata Vassalo de Lopes e suas aulas inspiradoras. Na ESPM, onde leciono, Maria Elisabete Antonioli me apoiou e fez excelentes sugestões. Com Bucci e José Álvaro Moisés, ambas compuseram a banca examinadora do mestrado.

Agradeço a minha editora, Soraia Bini Cury, pelas inúmeras e excelentes sugestões.

Karla Mendes e nossos filhos Alice, Antônio e Marina, me acompanharam nos Estados Unidos com amor, paciência e compreensão. Juntos vivemos uma jornada inesquecível.

www.gruposummus.com.br